CONTENTS

STAFF
写真：栃木 功
アートディレクション：江原レン（mashroom design）
デザイン：江田智美 佐野まなみ（mashroom design）
構成：小沢理恵子
編集：別府美絹（エクスナレッジ）

掲載されている商品の使用感やアイディアは著者の個人的なものです。
掲載している情報は2021年7月現在のものです。

CHAPTER 1

小さい部屋を心地よく

"どう過ごしたいか"からはじまるインテリア

リモートワークが広まり、住まいへの関心が高まるなか、インテリアを素敵にした
いと思って雑誌やSNSを見ても「いまひとつしっくりこない」と感じている人も多
いのではないでしょうか。それは、自分の求める心地よさやライフスタイルに合っ
ていないからかもしれません。私たちがインテリアのことを考えるときには、まず
"自分たちがどう過ごしたいか"にフォーカスしています。

「窓際にソファを置いて、太陽の暖かさを感じながら寝転がるのが気持ちよさそう」

「思う存分、資料や図面が広げられる大きなデスクがほしい」

「畳の上でゴロゴロしたい」

ほかにも理想はいろいろありますが、45㎡の限られた空間で優先順位をつけながら
工夫をして部屋づくりをしています。ライフスタイルが多様化するなか、住まいに
求める価値も人それぞれ。「どう過ごしたいか」からインテリアを考えると、小さな
部屋でも、自分の生活や心地よさに合った居場所がきっとつくれるはず。そして、そ
れこそがインテリアの面白さだと思っています。

大きなソファにもなるベッドコーナー。マットと布団をたためば畳の小上がりに。

ブラインド越しの眩い日差しと、太陽の暖かさを享受する、窓辺のデイベッドソファ。

「思う存分、資料や図面が
広げられる大きなデスク
がほしい」をかなえたワー
クコーナー。

デスクが大きい方が、かえって空間はのびやかに。

キッチン脇の書庫収納。すっきり心地よく暮らすために欠かせない場所。

シーンから考える部屋づくり

インテリアは「どう過ごしたいか」から考えると腑に落ちるという話をしましたが、いざ「どう過ごしたいか？」と問われても、漠然としていて何も思い浮かばないかもしれません。「心地よさ」というキーワードもすごく曖昧な表現でもあり、自分にとっての心地よさとは何なのかわからないと感じる人も多いと思います。

けれども、普段の生活のなかで「好きなシーンは？」と問われれば、少なからず思い浮かぶことがあるのではないでしょうか。

インテリアを考える時、寛ぐ場所 (Living)、食事をする場所 (Dining)、料理をする場所 (Kitchen) のように LDK でエリアを分けるところから考えてしまいがちです。

でも実際の生活は、もっと細かな行為を行うシーンの連続でできています。

たとえば、スマホを見る、コーヒーを飲む、本を読む、勉強する、猫とたわむれる、服を着る、掃除をする、ものを飾る、洗濯する、洗濯物をたたむ、子どもが遊ぶ、寝転がる、日向ぼっこする、ピアノを弾くなどなど。

そういった一つ一つのシーンの集まりが"生活"です。

普段の生活で「自分の好きな過ごし方」や「大切にしたいシーン」がイメージできると、部屋づくりがスタートしやすくなります。

コーヒーを飲みながら
ソファでくつろぐ

くつろぎながら作業

二人並んで料理を楽しむ

猫とたわむれる…

センスは必要？

「センスがある／ない」とよく言いますが、「センス」とは何でしょう？

「流行に乗ったもの」「雑誌やテレビに出てくるようなおしゃれなもの」と"漠然と"

感じている人も多いのではないでしょうか。

センスの意味を調べてみると、"物事の微妙な感じをさとる心の動き。微妙な感覚"

とあります。この微妙な動きとは、自分の好み、趣味嗜好。それを知って、その感覚

に従ったもので部屋づくりをすれば、自然と自分らしいセンスのあるインテリアに

なっていくものだと思います。

流行に乗っていなくても、少々使いにくくても、自分がよければそれでよし。

とはいえ、自分の趣味嗜好を知ることは意外と難しくもあります。

そこで、先ほどの「どう過ごしたいか」から考えることをおすすめしたいのです。

兼用して広く暮らす

いざ部屋づくりをしようとする時、やっかいなのは日本の狭い住宅事情。ライフスタイルが多様化するなか、あえてミニマムな部屋を選んでいる人もいると思いますが、大半は「狭いな」と感じながら住んでいることが多いのではないでしょうか。

一人暮らしの部屋を前提に考えると、ソファ、ローテーブル、デスク、椅子、収納棚、ベッドなど、用途ごとにそろえる家具は思いのほか多くなります。狭い住居環境の中で、自分好みの居心地のよい部屋に設える。そのための工夫の一つとして、家具を"兼用"するという考え方があります。たとえば、ベッドとソファ、ローテーブルとデスク、収納棚とテレビ台をそれぞれ兼用できたら、単純に考えればそれだけで半分近くの家具が減ります。方法としては、家具のサイズや形状を吟味して"兼用"させるのですが、わが家のダイニング・キッチンを一例にすると、カウンターテーブルで①食卓、②調理台、③収納棚の3つの用途を兼用させ、家具を減らして省スペース化をはかっています。（詳しくはp36-37にて解説）

「家具が減る」というメリットをどう生かすかは、その人次第。何も置かない場所を広くとってゆったりした空間を楽しむのも一つですが、家具が減った分、大きなベッドを選んだり、観葉植物や趣味のアトリエコーナーをつくるのもよし。「こんなふうに過ごしたい」を家具がかなえてくれます。

調理台とデスクに

一人が調理しながら、一人はちょっとした仕事をこなす。背を向けて調理するのではなく、向かい合うことで会話が生まれます。

収納棚に

収納棚を兼用しているので、料理をしてすぐ取り出せます。

ダイニングテーブルに

食事をするときは二人並んで。幅126×奥行80cmあるので、友人を招いてテーブルを囲むことも。

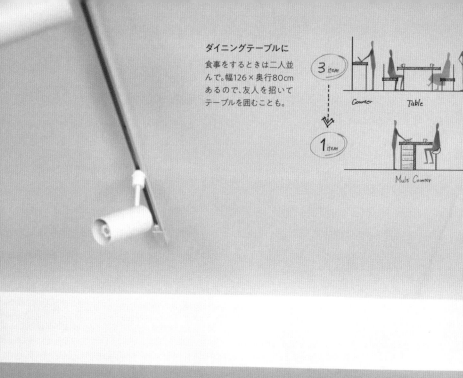

3 item　Counter　Table　Shelf

1 item　Multi Counter

ワンルームの一角にあるコンパクトなキッチン。「大きなカウンターテーブルとセットにすることで、広いキッチンになったり、食事をする
ダイニングになったり、仕事をするデスクになったり。お茶を飲むリラックスの場にもなります」

過ごし方から家具のサイズを考える

家具には、いわゆる「標準サイズ」というものがあります。たとえば、一般的なベッド
は立ち座りしやすいように高さ 40 〜 50cm、ダイニングテーブルは椅子のサイズを
基準に 2 人用なら幅 80cm ×高さ 70cm 前後、ワークデスクはパソコンを使うこと
を想定して幅 90 〜 120 ×奥行き 60 〜 70cm というように、組み合わせる家具や行
動をもとに設計されています。

ですが、そのサイズはあくまでも「一般的にはこのように使うだろう」という便宜上
の導き出し方。普段何気なく使っている家具も、自分に合った過ごし方からサイズ
を意識してみると、家具の使い方や生活そのものが変わってきます。

わが家では、ベッドを標準サイズより低くすることでリビングと一体化させたり、
デスクを大きくすることで 2 人並んで作業ができるワークスペースにしたり、また、
ダイニングテーブルを高くすることで作業台と収納を兼用させています。

そうすることで、決して広くはないスペースを有効に使いながら、ゆったりとした
作業スペースやくつろぎの場を確保したり、ちょうどよい距離感を保ちながら自分
の時間を楽しんだりと、心地よく過ごしています。

1R45㎡。
"兼用"とちょうどいい
サイズの家具で、
広く快適なわが家

SOFA
W184xD79x
H60xSH33cm

背もたれが低く圧迫
感のない、デイベッ
ドタイプのソファ。
ゆったりと横になれ
る3人掛けサイズ。

DESK
W220xD84xH70cm

資料や図面を広げた
り、2人で並んで作
業ができる幅220cm
×奥行き84cmの大
きなデスク。

SIDE TABLE
φ26.5xH39cm

直径約26cmのコン
パクトサイズ。場
所を取らずにソ
ファの居心地をよ
くするすぐれもの。

BED
W228xD168xH20cm

畳をはめ込んだフ
レームベッド。高さ
約20cmのロータ
イプでリビングと
一体化。

COUNTER
TABLE
W126xD80xH90cm

調理台＋食卓＋食
器棚の3つの用途
を兼用させた、高さ
90cmのカウンター
テーブル。同シリー
ズのワゴンを合わ
せて、幅約170cm
にして活用。

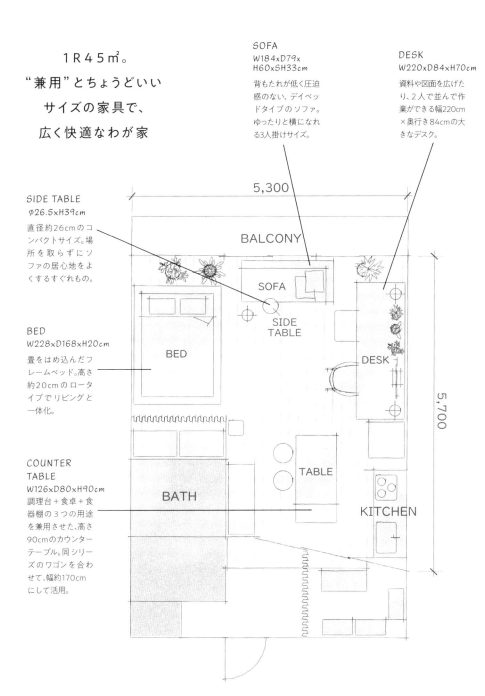

BALCONY

SOFA

SIDE
TABLE

BED

DESK

BATH

TABLE

KITCHEN

5,300

5,700

LOW BACK SOFA
背の低いソファでゴロゴロする

わが家にあるソファは、背もたれや座面の低いローバックソファ。「窓際に置いて、太陽の暖かさを感じながら寝転がるような過ごし方が気持ちいい」と思い、3人掛けのサイズを選びました。座面が分割されていないデイベッドタイプなので、寝転んでも違和感がありません。

ローバックタイプを選んだのは、季節や気分によって家具の位置を変えることもあるから。背もたれが低いと、壁づけにしなくても圧迫感が出ません。一般的なソファの背もたれは高さ40cm前後ですが、わが家のソファは約25cm。その差15cmですが、ワンルームの狭い部屋にはけっこう影響があるものです。

また、ローバックは肘をかけるのにもちょうどよい高さで、本を読むときに安定して疲れにくいのもよいところ。ゆったりと背中をあずけたいときは、大きめのクッションを使えば、ゆったりとしたソファのような居心地も得られます。

SOFA : MOMO MATUAL / DAY SOFA (3P)

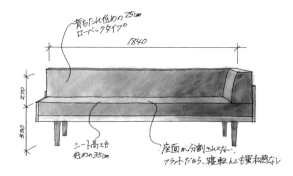

背もたれ低めの25cm
ローバックタイプ
1840
270
380
シート高さ
低めの350cm
座面が分割されていない。
フラットだから、寝転んでも違和感なし

窓辺のソファで寝転がる。
そんな過ごし方が気持ちいい

3人掛けのデイベッドタイプ。「以前、滞在した
ホテルの窓際にデイベッドが置いてあり、あま
りの気持ちよさに自宅にも欲しくなりました」

ローバックだから
肘をかけるのにちょうどよい

「使い始めてから気づいたこと
だったのですが、腕が疲れなく
て読書に集中できます」

大きめクッションで
ゆったりとした座り心地に

よくある45cm角のクッション
より一回り大きい60cm角が、背
中を包み込んでくれます。

SIDE TABLE
ローテーブルをやめて、小さなサイドテーブルに

ソファの前にローテーブルを置いている人が多いと思います。私たちも、以前はローテーブルを置いていましたが、大きいがゆえに物置場所になってしまい、狭い家の中で場所だけ占領している状態に陥ってしまいました。

そこで、ローテーブルをやめて小回りがきく、直径約26cmの小さいサイドテーブルに変えてみたところ、使い勝手がぐっとよくなりました。このサイドテーブル、とても軽量なので、キャンプやベランダで使ったり、ベッドサイドの小物置きとしてもよさそうです。

ローテーブルだと前に身を乗り出してコーヒーカップや本を手に取る必要がありますが、サイドテーブルなら自分の都合のよいところにテーブルを引き寄せられるので小回りが効いて便利。小さなサイドテーブルに見直すことで、ソファでの快適なくつろぎ時間が増えました。

SIDE TABLE : Helinox / Table O Home ウォールナット

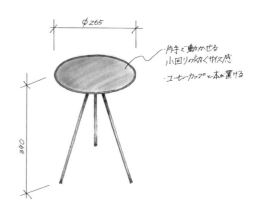

φ265

・片手で動かせる
小回りの効くサイズ感

・コーヒーカップと本が置ける

390

手の届く位置に引き寄せて使える便利さ

「ヘリノックス」のアウトドアファニチャー。約
220gという軽量さで移動させやすく、脚を取り
外して収納も可能。樹脂製ながら、風合いのある
色味と木目。手入れがしやすいのもよいところ。

ローテーブルより省スペースなサイドテーブル

コーヒーテーブルはスペースを
取り、ものを置いたり取ったり
するときには身を乗り出す必要
が……（左図）。サイドテーブル
は省スペースなうえに、コンパク
トなので手元に引き寄せ、都合
のよい場所に移動させて使えま
す（右図）。

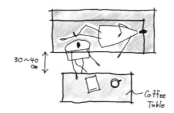

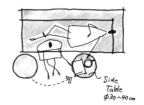

WORK DESK

２人並んで作業ができる、ワークデスク

わが家では幅220cm の大きなダイニングテーブルをワークデスクとして使っています。パソコン１台分のデスクであれば、標準サイズの 100 〜 120cm で足りますが、広いデスクで仕事をすると、とにかく気持ちがいい。大きな図面や資料をめいっぱい広げられますし、一般的なデスクより奥行きもあるので、飾り棚としても兼用できます。好きな植物や照明を置けるので、仕事の合間に眺め、リラックスできる場所にもなっています。

２m を超えるデスクはなかなか売っていないので、IKEA のダイニングテーブルをデスクに転用しています。高さが74cm で少し高めだったため、家の近くの材木店で椅子の高さに合わせて脚を切断加工してもらいました。

もともと２人同時に作業をすることも視野に入れていましたが、コロナ禍でリモートワークが増えたことで、大きいデスクのメリットを実感しました。それは単に広さだけのことではなく、２人隣合わせで仕事に向かうと、ちょっと相談したり雑談を挟んだり。相手が忙しそうな気配も察して配慮できるので、それぞれにデスク環境を整備して距離を置くよりも仕事がはかどります。

WORK DESK : IKEA / BJURSTA

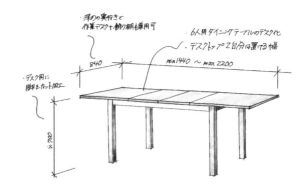

・深めの奥行きで
作業デスク＋飾り棚も兼用可

・6人用ダイニングテーブルのデスク化
・デスクトップ2台分を置ける幅

min1440 〜 max 2200

840

・デスク用に
脚をカット加工

≒ 700

一般的なデスクに対して幅も奥行きも広いので、植物や照明を置いてもゆとりがあります。

**2人で並んで
仕事をすると、
思った以上にはかどる**

近くにいることで、コミュニケーションがとりやすく、忙しそうな気配を察することも。

**資料や図面を
思いきり広げられる
気持ちよさ**

設計図面はかさばるので、十分な広さがないと作業効率にも関わってきます。

**幅が調整できる
エクステンション
テーブル**

140cm、180cm、220cmと3段階に調節できるので、用途を変えて使うことも可能。

OTTOMAN
フレキシブルに使えるオットマン

オットマンは、本来、ソファに座ったときに脚をのせてくつろぐためのものですが、ソファのまわりではベンチやサイドテーブルとして、クローゼットのそばでは荷物や服を置いたり、来客時の椅子にしたりと多目的に使える便利な家具です。

ペアになるソファに合わせてデザインされたものや、足を乗せるだけの大きさのものが主流ですが、わが家のオットマンは、小さなテーブル程度のサイズで多用途にも使いやすく、スクエアな形状で座面もほぼフラット。シンプルなフォルムは多くの家具が混在するなかでも主張しすぎず、インテリア全体のなかで馴染みやすいです。わが家の家具では主役ではないけれど、ちょっとしたときに活躍する名脇役のような存在です。

OTTOMAN : Barcelona Ottoman (REPRODUCT)

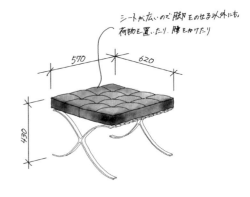

シートが広いので脚をのせる以外にも、荷物を置いたり、腰をかけたり

570 620

430

ソファまわりで、
サイドテーブル代わりに

いつものサイドテーブルでは
大きさが足りないときや、2
人で使いたいときに。

クローゼットのそばで、
小物の一時置きに

出かける前や帰宅時、帽子
やストールなどのちょっと
置きに便利。

人が集まるときは
補助椅子として

ゆったりとしたサイズなの
で、1人＋1匹でも座れます。

ROCKING CHAIR
オン／オフできるロッキングチェア

家で過ごす時間の大半はどこかに座っていることを考えると、座り方は過ごし方に直結する重要な要素でもあります。わが家では、作業用にはあまり選ばない、ロッキングチェアをデスクチェアとして使っています。座布団を敷いて自分好みの座り心地にカスタマイズしているのですが、作業の合間にリラックスしたり、ちょっと気分転換に揺れてみたり、こまめにオンとオフの切り替えができて、意外とよいです。形や色といった表面上のデザインではなく、座り方にフォーカスして椅子を選ぶと、自分に合った居心地を見つけられるかもしれません。

ROCKING CHAIR : EAMES Shell Armchair Rocker Base (REPRODUCT)

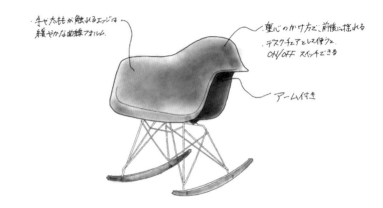

牛や太ももが触れるエッジは緩やかな曲線フォルム。

重心のかけ方で、前後に揺れる
デスクチェアとしス使フと
ON/OFF スイッチできる

アーム付き

**気分転換にちょうどよい
ゆるやかな揺れ心地**

ちょっと煮詰まったときに、ひ
と揺れすると、よいアイデアが
沸いてくるかもしれない。

**「座ったら心地よさそう」
そう思わせるデザイン**

一体成型のフォルムと、スチ
ール×木のロッキングベー
ス。見た目にも心地よい。

COUNTER TABLE
調理台+食卓+食器棚を兼用する

わが家は、調理台と食卓、食器や調理器具の置き場をそれぞれに設けるほど部屋が広くありません。しかも、キッチンは小さく作業スペースは幅30cmほど。そこで、収納付きのキッチンカウンターをダイニングテーブルと兼用させることにしました。食事をする場所と調理台を兼ねているので、テーブルの片側では料理をしながら片側では仕事をしていたり、2人が別々のことをしながら、ちょっとした会話や時間を共有できる場所にもなっています。

カウンターの高さは、標準的なダイニングテーブルの高さ約70cmより20cm高い約90cm。この高さは立って作業するのに使いやすく、テーブル下を収納棚として十分使えるサイズ。食事用の椅子は、カウンターの高さに合わせたハイスツールを使っています。標準より高くすることで、それまで料理と仕事、各々でやっていたことが一つのテーブルを囲むようになり、料理の楽しさや会話が生まれるようになりました。

COUNTER TABLE : IKEA / STENSTORP アイランドキッチン

・調理台としても使える、高さ90cm
・広々と作業できる、天板広さ

800 1260

900

・下部は、たっぷり収納可
　食器棚としても使える

立ったまま
作業がしやすい
高さ90cm

片側はハイスツールがテーブル下におさまるデザインに。「IKEA」ならではの機能的な設計。

カウンター下は
食器や調理道具の
収納スペースに

さっと取り出せて調理や盛り付けがはかどります。振り向けばすぐシンクなので、後片付けもラク。

無印良品の
カゴを並べて
見た目もすっきり

大きい食器、小さい食器、などおおまかに決めて、ざっくり投げ入れ。

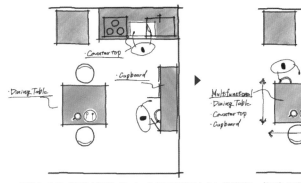

調理台、食卓、食器棚を個別に持つと、食卓と調理台は小さく、動線が長い（左図）。調理台、食卓、収納の3役を兼ねたキッチンカウンターなら、省スペースで効率がよく、ワンアクションですべての動作がこなせる（右図）。

TATAMI BED
空間に溶け込む、畳のローベッド

動画配信でも反響が大きい、ロータイプの畳ベッド。畳の上でゴロゴロできる場所が欲しくて、既成のフレームに畳をサイズオーダーしてはめ込み、カスタムメイド。単に寝るだけの場所ではなく、布団をたためば、リビングの延長の小上がりのようなスペースとして使える"くつろぎの場"にもなります。標準サイズのベッドでは、床からマットレスまでの高さが45cm程度。これはベッドからの立ち座りがしやすい寸法ですが、わが家のベッドは床からフレームの上までの高さは約20cm。高さを標準の半分に抑えることでリビングと一体化させ、部屋に圧迫感を出さないしかけに。本来はマットレスを敷く仕様ですが、畳をはめ込んだことで、畳敷きの小上りとしての表情も楽しむことができます。ちなみに20cmの段差は階段と同じ段差なので、上り降りもしやすくなっています。

「畳は和の雰囲気が強くなるのでは？」と質問を受けることがありますが、縁なしの畳はシンプルですし、質感も麻やジュートに近いので、洋のデザインにもしっくりなじみます。選んでいる家具が直線的なデザインのものが多いので、より相性がよいということもあるかもしれません。

TATAMI BED：NöRZY / LOW BED FLAME DOUBLE
畳：別注でサイズオーダー

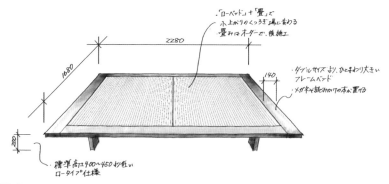

・「ローベッド」＋「畳」で
小上がりのくつろぎ場に変わる
・畳みはオーダーで、後施工

・ダブルサイズより、ひとまわり大きい
フレームベッド
・メガネや読みかけの本が置ける

標準高は400〜450が庭い
ロータイプ仕様

フレームまでの高さが階段と同じ20cm、マットを敷いても圧迫感はなく、のびやかな空間。

布団をたためば
畳の小上がりに

フレームに畳をはめ込むことでモダンな雰囲気に。イサム・ノグチの照明とも好相性。

フレームには
小物を置いて

スマホや読みかけの本、眼鏡を置くのにちょうどよい、14cm幅のフレーム。

p.040（上）

ヘッドボードが
ないだけで、
リビングと一体化

ワンルームにベッドを置く
なら、ヘッドボードなしの
ベッドがおすすめです。ヘ
ッドボードがないと、布団
をたためばソファのように
も見え、空間もすっきり。

p.040（下）

クッションを並べて
ゆったりくつろげる
ソファプレイスに

畳の小上がりから、ガラッ
と雰囲気が変わります。プ
ロジェクターでの映画鑑賞
にも最適。

マットと布団をたたむと、
畳の小上がりに。たたんだ
布団は端に寄せてカーテン
で目隠し。

テレビのない生活で、
レイアウトの自由と快適さを得る

今や、スマホやタブレットでネットニュースやテレビ番組を観ることができる時代。テレビの必要性が、昔に比べて低くなってきているような気がします。

テレビを置くことから家具のレイアウトを考え始めると、「テレビ台の前にソファを置いて、その間にローテーブルを置いて」というお決まりのレイアウトになりがち。しかも、狭い住居において「テレビ台、ソファ、ローテーブル」の3点セットはそれなりの面積を占めます。今の生活において、テレビの必要性が薄くなってきているのであれば、いっそのことテレビがない生活にしてみてはどうでしょう。3点セットのレイアウト縛りがなくなり、レイアウトや家具選びの自由度が上がります。

私たちも数年前からテレビはほとんど必要なくなったので、今の住まいへの引っ越しを機に手放しました。そうして手に入れたのが大きなデスク。そして、窓辺の気持ちのよい場所にソファを置くこと。季節の模様替えや気分転換でソファの位置を変える楽しみも手に入れることができました。

テレビ＋ソファ＋ローテーブルの
3点セットがある一般的なレイアウト

8畳の部屋を想定した一般的な一人暮らし部屋のレイアウト。テレビとソファとローテーブルが場所をとり、この3点の相関性から、レイアウトが自由になりにくい状況。テレビを観る人にとってはよいレイアウトですが、あまり観ないのであれば、テレビを手放してみるとインテリアの可能性がぐっと広がります。

テレビ＋テレビ台がなくなった分のスペースで、充実させたソファブレイスとデスクコーナー。ソファを置く場所も自由に。「テレビのない生活になって、本を読む時間も増えました」

持っていて当たり前を手放してみる

「なんとなく持っていて当たり前」「なんとなくやって当たり前」のものごとを見直してみると、価値の基準が変わったり、新しいライフスタイルに出会えることも。私たちは、そんなちょっとした変化や気づきを、日々の暮らしの中で楽しんでいます。

たとえば、

「テレビのある暮らしを手放したら、家具のレイアウトが自由になったこと」。

「使いづらいローテーブルを手放したら、小回りの効くサイドテーブルでの"快適なくつろぎ時間"を得られたこと」。

「トースターを手放してフライパンでトーストしたら、外はカリッと中はしっとり焼けたこと」。

温かいバターがパンに染み込むおいしさ、部屋のレイアウトをすぐ変えられる便利さ。そんな新しい価値にも出会うことができました。

テレビを手放したことで、プロジェクターで映画を観る機会が増えたのも一つの変化。以前から持っていたのですが、テレビがあると「テレビでいっか」となりがち。プロジェクターで鑑賞すると、同じ作品でもより深くその世界に入ることができ、魅力を再認識できました。

テレビを手放したら、しまい
込んでいたプロジェクター
でまた映画を観るように。
テレビの画面で観るよりも、
少し気分が上がります。

CHAPTER 2

部屋が心地よくなる、インテリアのあれこれ

背伸びしない、ゆるインテリア

インテリアコーディネートというと、一般的には北欧、モダン、ヴィンテージ調など
のテイストや色の組み合わせ、家具の樹種をそろえるとよいと言われています。け
れども、家を新築したり、引っ越しのタイミングで家具や雑貨を買いそろえない限
り、完全なコントロールは難しい。そもそも、普通に生活する分には、そこまで厳密
なコーディネートは必要ないとも言えます。とはいえ、「なんとなく、すっきりした
空間にはしたい」という気持ちもあると思います。

わが家は、これといって厳密なコーディネートはしていません。ただ、自分たちなり
の「ゆるいルール」はあって、その範囲は外れないように、もの選びをしています。そ
れは、家の中にバラバラに混在する家具や雑貨同士が"ケンカせず共存できる状態"
をつくること。そのために、わが家で意識している

①形、②色、③質感、④家電、⑤日用品を、

ゆるくそろえるポイントについて次のページから少し詳しくお話したいと思います。

形の印象をゆるくそろえる

部屋の中で、最も場所をとる家具。その家具をどんな形や色味にするかで、部屋の印象は変わってきます。わが家は、部屋が広く感じるように、「軽やかに見える形」を意識してゆるくそろえています。

軽やかに見せるポイントは2つ。その一つは「脚付き」であること。

家具で床をふさぐほど部屋は狭い印象になっていくので、脚付きにして家具を浮かせると、床が広く見えて印象が変わります。

もう一つは「水平ラインを強調する」こと。家具の形もいろいろですが、たとえばベッドやソファでいうと、わが家のようにマットレスや本体と脚の間に木のフレームがあるだけで「水平ライン」が強調されて、のびやかな印象になります。

デスクは、脚の付き方で印象が変わります。天板の四隅に脚がついているタイプもありますが、天板の内側に脚がついていると「水平ライン」が強調されます。

「脚付き、木フレーム」という共通点があることで、それぞれの家具がほどよく調和して、まとまりのある空間にしてくれます。

色の系統をゆるくそろえる

インテリアのカラーコーディネートというと、「ベースカラー何％、アクセントカラー何％」など色配分を考えるイメージがあると思います。もちろん、厳密にコーディネートする場合はその手順をふむことにはなります。

でも、「どこにアクセントカラーを入れればいいの？」「好きな色ってなんだか分からない」という人も多いのではないでしょうか。

また、新居に引っ越して家具や雑貨類を一式買いそろえるというタイミングでない限り、そこまで色をコントロールすることは難しい。それは、わが家も一緒です。

わが家の色のルールは、モノトーンやベージュ、ブラウン系統、これに類する色のアイテムであれば、「明るさ、暗さ、鮮やかさ」問わず許容しています。木製家具もオーク、パイン、ウォールナット、桐などバラバラです。これもベージュからブラウンの系統でゆるく考えています。

アクセントカラーを取り入れようとすると、色の相性やバランスなど、コーディネートのハードルが上がります。かといって、色をそろえすぎると味気ない。ゆるい系統で"ムラ"があるくらいがちょうどいい。"背伸びしない色選び"です。

「形の印象」と「色の系統」を
ゆるくそろえて、心地よい部屋

「形の印象」と「色の系統」をゆるくそろえることで、形、素材、樹種の違う家具が調和。そろえすぎるとかしこまった印象になるので、ほどよくそろうのが心地よさの秘訣。

SOFA

ソファ本体を受け止める、木製のフレームで「水平ライン」が強調されて、のびやかな印象に。

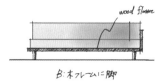

DESK

脚に対して天板が張り出したデザイン。「水平ライン」が強調され、すっきりとシャープな印象に。

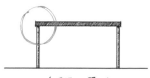

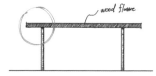

BED

ソファと同様に、マットと脚の間の木製フレームで「水平ライン」が強調され、大型のベッドが軽やかに。

A：マットレスに脚

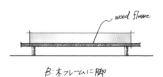

wood frame

B：木フレームに脚

COUNTER TABLE

木製の天板と白く塗装された脚のコントラストで、天板のフレーム感と水平ラインが際立つデザイン。

A：脚も天板も木のブラウン色

wood frame

white color

B：天板は木素材／脚は白塗装

色柄より「質感と肌触り」で選ぶ

質感とは、素材そのものの見た目の雰囲気や触感のこと。「温かい、冷たい」「硬い、柔らかい」「重い、軽い」のような感覚的なことも質感の一種。直接手に触れる家具や、雑貨、食器などを質感や肌触りで選ぶと、住まいや暮らしが自分にとって落ち着く、心地よいものになっていきます。

「布張りのソファよりもレザーのソファが好き」

「使い込まれた古材のような質感が好き」

「土っぽい器をつい選んでしまう」

そんな感覚です。

家具や雑貨など、色や形に多少ばらつきがあっても、質感や肌触りが似ていると、不思議と違和感なくなじんでいくものです。

たとえば、右の写真の2つの植木鉢。ざらついた質感が温かみを感じさせます。素材そのもの質感と手触り感は、グラフィック的な柄物では決して表現できないよさ。色や柄は好みや流行りに影響したり、柄物同士が喧嘩したりしますが、質感や肌触りは「気持ちいいかどうか」「落ち着くかどうか」という視点で選ぶので、流行り廃りに関係ありません。好みが多少変わってもシームレスになじんでいけるのがよいところです。

Itarian
Teracotta

温かみのある素材感とザラッとした質感の
イタリアンテラコッタの植木鉢「アルト モ
カ・グラフィアート」。東京・練馬の「オザキ
フラワーパーク」で購入。繊細なくし引き状
の帯デザインが気に入っています。

日用品を、飾る

インテリアを楽しむというと、絵を飾ったり、オブジェを飾ったり「着飾る」イメージがあると思いますが、装飾品で過度に部屋を飾る必要はないと思っています。

わが家は、オブジェや絵など特別に飾るためのインテリア雑貨はありませんが、実用品でよく使うものは愛着のもてるアイテムを選ぶようにして、目に見えるところに並べています。「自分の好きなデザイン」「好きな質感」「好きな形」など、好みを意識して選ぶと、不思議と統一してすっきりして見えるので、飾っていてもごちゃつきません。気に入ったアイテムはシリーズで買いそろえたりするので、いつの間にかパッケージやデザインの見た目がそろってくることも。

お気に入りの調味料を冷蔵庫の上に置いておいたり、使いこんだ鉄フライパンをコンロ前に並べておいたりすると、料理をしたい雰囲気になる。お気に入りの実用品を飾るように置くだけで、暮らしそのものが潤ってくると感じます。

NESPRESSO
Lattissima Touch Plus

お気に入りの調味料を冷蔵庫の上に並べて。ソリッドなデザインのコーヒーマシンは、結婚祝いの品。

Russell Hobbs
Salt & Pepper mini

家電は、わき役に徹してもらう

家の中には生活に必要なものであふれています。生活用品など隠せるものは収納ボックスに隠しますが、家電は表に出ざるをえないものが多いので、色には気を使いたいところです。最近は、黒やベージュなど、表に出ていてもきれいな家電が増えてきましたが、わが家はというと、いたってベーシックな白物家電をあえて選んでいます。家電の背景となりうる壁やカーテンも白。壁と同色の家電を選ぶことで、極力目立たないようにしています。

理由は一つ。ワンルームという狭い空間では、雑多なものが目に入りがち。お気に入りの照明や植物などが印象的に目に入るように、それ以外のものは控えめな色使いにして目立たないようにするためです。

日用品においても同じです。隠すためにわざわざケースなどで覆うのではなく、ティッシュやゴミ箱も白を選んで、そのまま置いています。その方が悪目立ちすることなく、すっきりします。

お気に入りのアイテムは目立たせる。そうでないものは目立たせない。主役とわき役という価値基準があると、お金のかけかたも変わってくるのでおすすめです。

大きく存在感のある冷蔵庫。「無印良品」の冷蔵庫は、白色でシンプル、主張しないデザインが気に入っています。

ゴミ箱も「無印良品」の白いタイプをセレクト。

カウンターテーブルに一体化した「無印良品」のオープンレンジ。

壁に溶け込ませた、「ブルーエア」の空気清浄機と「ヤマゼン」の加湿器。スイッチや液晶パネルなどが悪目立ちしないことも重要。

床の間のようなトコロ

部屋の中に、自分の"好き"があることの豊かさ。部屋の中に、手入れをする場所を設けることで生まれる愛着。そんな風に、ものや暮らしと向き合いたいという思いから、「床の間のようなトコロ」を設えるようになりました。

床の間は、季節ごとの掛け軸や花を飾って、お客様をもてなすための場ですが、ただ豪華なものを飾るのではなく、相手に喜んでもらいたいという思いを込め、大切に手入れをしているもので設える場所です。わが家には、本来の床の間はありませんが、愛着をもって日々"手入れ"することで、気を通わせる場所を「床の間のようなトコロ」と、とらえています。

たとえば、浴衣をしまっている桐の衣装箱の上。置いているものは、植物や日用品ですが、植物は水をあげたり葉っぱを拭いたりと手入れが必要です。日用品もその場所をきれいに保つために、少しだけ気を使ってものを置いています。また、好きな植物や照明を置いた大きなワークデスクの上は、わが家にとっては、"いつも眺めていたい"場所。きれいな状態を保つために日常的に整えています。

このように部屋の中に特別な場所があると、日々の暮らしに潤いが生まれ、心が豊かになるものです。みなさんも、椅子の上、収納棚の上、あるいは板やお盆などを床の間に見立てて、「床の間のようなトコロ」がある暮らしを楽しんでみませんか。

水やりや葉の手入れが必要な植物や、日用品も少し気を使って整える=「気を通わせる場所」。空間を生かして並べると、床の間を思わせる端正な雰囲気に。

帰ってきたときに気持ちのよい玄関

単なる靴の置き場としてではなく、出かけるときと、部屋に帰ってきたときに気持ちを切り替える場所として、玄関を設えています。

よけいなものは置かない。

靴を出したままにしない。

お香を焚く。

盛り塩をする——。

自分の五感を頼りに、日本古来の文化を取り入れながら、自分にフィットする環境づくりをした玄関は、出かけるときには心を整える場として、部屋に帰ってきたときには心なしかホッとする。そんな気持ちの通った場所になっています。

盛り塩とは…
災難を祓い、運が開けるようにという願いを込めて行われている風習。玄関に置いた盛り塩は、外から入ってくる悪い運気を祓い清めると言われています。

小物の一時置きにあると便利なサイドテーブルは、ふるさと納税の返礼品。天板の螺旋状の薄い溝がきれいで気に入っています。「北匠工房」SAPサイドテーブル。

香りがつくる空間

自分にとって落ち着く香りがあるだけで、その時間と空間が豊かになります。

高級ホテルのロビーラウンジにオリジナルの香りが漂っているのは、宿泊客に「このホテルに帰ってきた」と思ってもらうためと聞いたことがあります。

自分たちの住まいを高級ホテルになぞらえるわけではないですが、「自分にとって心地よい場所に帰ってきた」と思える空気の状態にしておきたい。だから家の中の空気が淀んでいると感じたときには、夜でも玄関を開けて空気を入れ替え、お香を炊いて清めています。

以前はアロマキャンドルを使っていたのですが、エッセンシャルオイルや一部のキャンドルに含まれる成分が猫にとってよくないと知り、愛猫の Boo と暮らしはじめてからは、玄関を開けて、短時間だけお香を炊いています。

ハンドケアやホームケアは、好みのマンダリンオレンジの香りで。「イソップ」レスレクションハンドバーム、レスレクションハンドウォッシュ、ポストプードロップス（トイレの消臭芳香剤）

背中を包み込む60cm角のクッション

家具のサイズを見直すと、心地よさや使い勝手が変わるように、普段使っているアイテムも、サイズを見直すと心地よさが変わるかもしれません。

たとえばクッション。わが家は、大きめのクッションをソファとベッドそれぞれに置いています。お店でよく売られている約40cm角のクッションより一回り大きい60cm角。40cm角前後のものは、腰当てにちょうどよいサイズですが、60cm角は背中をカバーするくらい大きいので、もたれかかるときに、ゆったりと体をあずけられます。背もたれの低いローソファでは背中をサポートしてくれ、ベッドでは側面にクッションをたくさん並べると、気分は贅沢なキングサイズ。プロジェクターを観るとき、最高です。

ベージュのクッションが一般的な45cm
サイズ。一回り大きい60cmサイズのクッ
ションを使うことで、座り心地が変わる。

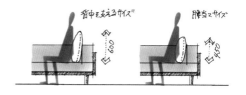

部屋を仕切るということ

引っ越しをするときに、部屋数は多いほうがよいと考えがちですが、本当にそうでしょうか。日本の狭い住宅事情では、部屋として区切ると、一つ一つの部屋が窮屈になりがち。たとえば、同じ 45㎡ 前後の広さならば、2LDK よりもワンルームのほうが使い勝手がよいと私たちは考えます。それは、食べる（キッチン）、仕事をする（ワークスペース）、寝る（ベッド）など自分のライフスタイルに合わせて、適した広さを決められるから。

実際に私たちの部屋は、ワンルーム 45㎡ の間取り。食べる、くつろぐ、寝る、仕事をする、収納する、と、さまざまな動作を一つの空間で行います。そして、プライベート感の強いベッドまわりと収納は、カーテンなどでゆるやかに仕切ることで、暮らしにメリハリをつけています。

カーテンのほかにも、ロールスクリーンや引き戸で仕切ったり、わが家のベッドのような家具で段差をつけてエリア分けをしたり。小家具や鉢植えの植物なども、ちょっと囲まれたエリアをつくるには有効です。

決して広いとは言えない面積ながらも、大きな家具を置けるのは、ワンルームだから。あくまでも私たちのライフスタイルや価値観にはワンルームをゆるやかに仕切るスタイルがフィットしているだけで、誰にとってもよい間取りというわけではありません。けれど、自分にとって本当に必要な部屋の数や広さを、一度、見直してみると、より居心地のよい住まいに出会えるかもしれません。

ベッドとリビングを間仕切るカーテンは、来客時やどちらか一人が就寝するときに閉じます。

畳のある生活

洋室の間取りが一般化し、畳敷きの和室は少なくなっています。ところが、日本の狭い住居環境こそ、畳に大きなメリットがあるとあらためて感じています。

その理由の一つは、座る、くつろぐ、寝るといった行為がすべて畳の上で行えるので、椅子、ソファ、ベッドなどの家具を大幅に減らすことができること。空間をのびのびと使うことができて、家具のレイアウトや過ごし方も自由になります。たとえば布団をたためばそこは寝室からリビングに変わり、畳の上でゴロゴロしたり、人が集まったときもみんなでゆったりとくつろげます。

自然素材ならではの安心感もあり、ほどよい柔らかさと肌触りのよさも畳の魅力。また、高温多湿となる日本の夏には、調湿性のある畳と布団の組み合わせが適しているともいえます。

わが家の場合は、フレームベッドに畳をはめ込んで、小上りのような設えにしています。人を招いたときに人数分の椅子が用意できなくても、ちょっと腰をかけられたり、昼寝をしたり、フレキシブルに活用できるのがよいところ（詳細はp38-41を参照）。「畳だとインテリアが和風になりすぎない？」という質問を受けることもありますが、たとえば90×90cm前後の正方形で縁のない琉球畳なら、和の雰囲気がぐっと抑えられ、ベージュやグレーのものを選べば洋のインテリアともしっくりなじみます。琉球畳には置き敷きタイプもあるので、洋間の一角に置いて手軽に畳コーナーをつくることも可能。インテリアを考えるとき、畳も一つの案として考えてみると、暮らしの幅が広がってくるかもしれません。

寝る、座る、くつろぐが畳の上で行えるので、畳の生活では、ベッド、椅子、ソファなどの家具を手放すことができ、小さい部屋でも広々と使うことができます。

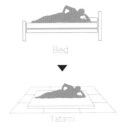

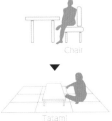

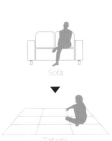

肌触りのよさと、ほどよい
柔らかさ。小さいお子さん
や動物にも安心です。

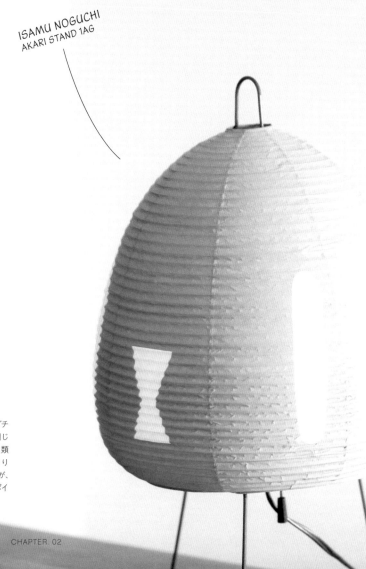

ISAMU NOGUCHI
AKARI STAND 1AG

彫刻家イサム・ノグチ
のAKARIシリーズ。同じ
シリーズで3つの種類
の照明がわが家にあり
ます。形も好きですが、
華奢な脚も好きなポイ
ントです。

手軽に部屋の雰囲気を変える、小ぶりなスタンド照明

照明を置くと、部屋の雰囲気がよくなりそう……。なんとなくぼんやりしたイメージがあると思います。でも、「どこにどう置くとよいのだろう?」「そもそもどんな照明を選べばいい?」そんな疑問もあると思います。

一つめのポイントは、光の強弱。部屋全体を明るくする照明よりも、部分的に明るさを感じるほうが、部屋に表情が生まれます。次に、光をどこに当てるか。「植物の隣に照明を置いたら、ソファからの眺めがよくなった」「ソファの横に置いたら、そこにずっと居座りたくなった」。そんな風に置く場所によってインテリアの雰囲気が変わるのが照明の魅力です。

いろいろなところに光を当てて楽しむには、手軽に移動できるスタンド照明がおすすめ。大きくは2種類あり、一つは床に置く「フロアランプ」。一つはテーブルやデスクに置く「テーブルランプ」。フロアランプは背の高いタイプが多いですが、私たちが愛用している、イサム・ノグチのランプは、小ぶりでありながら、どちらにも使うことができます。和紙の照明は和風のイメージが強いように思われますが、形がモダンなのでナチュラルやモダンなインテリアにも合うところが、このスタンド照明のよいところ。天井のスポットライトと併用しながら、気分に合わせて好きなところに置いて光と影を楽しんでいます。デスクの上に置けば、植物をほんのり浮かび上がらせ、眺めていたくなるコーナーに。ベッドサイドに置けば、柔らかな光がくつろぎを誘います。

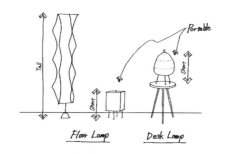

少しの明かりが、心地よい

日本の住まいでは、夜になると天井照明を煌々とつけて過ごすことが一
般的。照明器具の性能がよいこともあり、部屋の隅々まで均一に明るく
照らしている家が多いのではないでしょうか。

わが家では、食事中や細かい作業がない限り、夜は最低限の明かりで過
ごしています。必要な場所に光があればこと足りますし、暗いところが
あるほうが気分も落ち着いて、ゆったりとくつろいだ時間を過ごせます。
人間工学の観点からも就寝時間が近づくにつれ、徐々に暗くしていくほ
うが眠りにつきやすいとも言われています。明るさを絞ってみるだけで
も、自分の心地よさにつながるかもしれません。

軽く、手軽に持ち運べる、イ
サム・ノグチのスタンド照明。

照明は、夜楽しむものと思いがちですが、薄曇りの日は日中からつけると、柔らかな明かりが楽しめます。

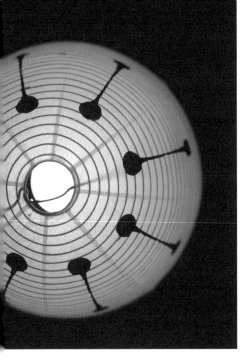

デザインを楽しむ

光が透過することで浮
かび上がる文様。オブ
ジェのような存在感。

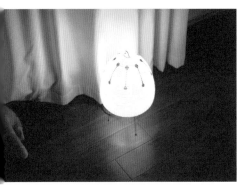

床に光を当てる
布に光を当てる

光をバウンスさせると、
カーテンの ドレープ が
浮かびあがり、空間に表
情が生まれます。

植物を照らす

植物を引き立てながら、
壁に映る葉の陰を楽し
む。自然のフォルムが、
心を癒やします。

壁に光を当てる

柔らかく広がる明かり。
コーナーに置くと部屋の
隅が明るくなって、部屋
が広く見える作用も。

光を感じる、しかけ

スタンド照明は、壁、床、カーテンなどに光を当てることで、心地よい光を感じる
ことができます。照明から直接放たれる光よりも柔らかくなるので、リラックス
した空間に。また、対象物の質感や距離で光の雰囲気が変わるので、さまざまな表
情が楽しめます。植物に光を当てて、壁に葉の陰を浮かばせるという楽しみ方も。

観葉植物は、どこに置く？

在宅時間が長くなったことで、心を癒やす「植物のある暮らし」に目覚めた人も多い
と思います。わが家にも、いくつかの観葉植物を置いていますが、眺めているだけで
リラックスできますし、心なしか部屋の空気も浄化してくれる気がします。植物の
種類によって適した環境があるので、あくまでもインテリア的な視点になりますが、
観葉植物を置くとインテリアが引き立つ、3つのポイントをご紹介します。

[1]主役の家具と対で置く

植物の生命力で家具がいきいきとした表情に。家具によってもたらされる居心地の
よさは、まわりの環境もセットで生み出されます。

[2]どうにもならない場所に置く

柱周りのデッドスペースや家具と家具の間など、まさに"どうにもならない場所"
に置くことで、間の抜けた印象を抑えることができます。

[3]人の視線が自然と集まる場所に置く

仕事をするデスクの上やソファから見える位置など、ただなんとなくではなく、留
まる場所からの視線の先に置くことで、植物がより身近に感じられます。

POINT1

主役の家具と対で置く

家具とセットで、居心地の
よさそうな雰囲気が漂い
ます。

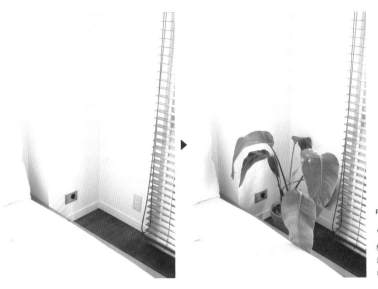

POINT2

どうにもならない場所に

柱とベッドの隙間。何も置けない微妙な隙間が、いきいき。

POINT3

人の視線が集まる場所に

作業をしながら目を楽しませたり、リラックス効果も。

ブラインド越しの木漏
れ日と、日差しを受けて
感じる緑の鮮やかさ。屋
外にいるような心地よ
さを感じることができ
ます。

ブラインドのよいところ

ブラインドは羽根の角度を調節することで、光や視線、風の入り方を自分の好みで
コントロールできることが最大の魅力です。カーテンは開けるか閉めるかの2択で
すが、ブラインドならば陽の光を絞りながら、外の景色が見える角度でキープした
り、たっぷり光を取り込みたいときは全開にしたり。そのときどきで羽根の角度を
調整しながら使っています。

完全な遮光はできませんが、日中にプロジェクターで映画を楽しむくらいの遮光は
できるので、デメリットは感じていません。

ブラインドの直線的でソリッドな質感は部屋にシンプルな印象を与え、一般的にカ
ーテンと比較して、厚みも出ないので、部屋にすっきりとした印象を持たせること
もできます。羽根に光があたることによってつくり出される影は、部屋のアクセン
トとなり、時間や季節のうつろいも感じさせてくれます。

ブラインドの選び方

素材で選ぶ

主に、木製かアルミ製。木製はインテリア性が高
く、羽根に重量があり風が吹いてもバタつきに
くい。アルミ製は低価格で操作が軽く、汚れに強
いなど、総じて実用的。

スラット（羽根）幅で選ぶ

羽根の幅が広いタイプは、掃除がしやすく、折れ
にくく重厚感がある。羽根の幅が狭いタイプは、
外からの目隠し効果が高くすっきりとした印象。

取り付け方で選ぶ

窓枠の枠内に取り付けるタイプは、窓枠内に収
まるので、窓際に家具を置く場合に干渉する心
配がない。窓枠の前面に取り付けるタイプは存
在感が強調されるが、窓枠全体を覆うので遮光
性は高くなる。

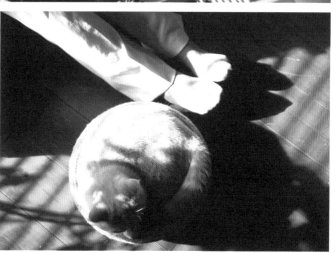

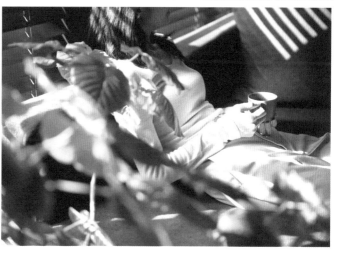

今の部屋で小さく住み替える

わが家では、季節によって家具のレイアウトを変えることがあります。たとえば、窓際のソファ。昔の住まいには、日向ぼっこができる縁側があったように、窓際は太陽の暖かさを感じることができる、居心地のよい場所。だから、春や秋の気候のよい時期には、その暖かさを享受するように窓際にソファを置きます。窓際が寒くなる真冬には、部屋の中央にソファを移動させることも。

模様替えを想定して、ソファは部屋の中央に置いても圧迫感がでないよう、背もたれが低いロータイプのソファを選んでいます。

季節に限らず、「今の使い勝手はよいだろうか」「今のライフスタイルに合っているだろうか」という視点で家具を見てみると、模様替えがよいきっかけになるかもしれません。たとえば、壁側にソファを置くのもよいですが、窓に向かうように置くと、季節によって景色を堪能できる特等席になるかもしれません。ベッドに背を向けてデスクを置いたら、いつもより仕事や勉強に集中できるようになるかもしれません。家具の位置を入れ替えることで、暮らしに変化が生まれるから。今の部屋で"小さな住み替え"を楽しんでみませんか？

気候のよい春秋にはソファを窓辺に。夏は直射日光を、冬は冷気を避け、ソファを部屋の中央に移動することも。

45㎡ワンルームのわが家に庭はない
けれど、都心部の大きな公園が庭代
わり。屋外の気持ちよさと、季節ごと
の自然を満喫。ときにはデイキャン
プをすることも

INTERIOR
SIMULATION

6畳 8畳 10畳
インテリアシミュレーション

CHAPTER1-2でお話してきた、小さな部屋で心地よく暮らすための工夫やアイデアを6畳、8畳、10畳の部屋でケーススタディ。家具のレイアウトをCGでシミュレーションしました。YouTubeでも反響が大きかったいくつかのテーマをご紹介します。

6畳

家具を"兼用"して広く快適に暮らす
ライフスタイル別レイアウト

一人暮らしの小さな部屋では、「家具のレイアウトパターンは限られている」とあきらめていませんか？ たしかに、必要な家具を全部つめこむと、レイアウトを楽しむ余裕もなく「なんか狭い……」という状況になりがち。小さな部屋だからこそ、家具を兼用することで、さまざまな可能性が無限大に広がります。

ここでは、6畳の一人暮らしの部屋で何ができるか、一般的なレイアウトをベースに、3つのライフスタイルでシミュレーションしていきます。

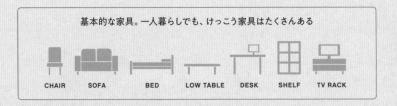

基本的な家具。一人暮らしでも、けっこう家具はたくさんある

CHAIR　SOFA　BED　LOW TABLE　DESK　SHELF　TV RACK

一般的な賃貸ワンルーム
6畳の部屋はこんな間取り

一人暮らしの部屋を探しているときに、不動産サイトでも、一番よく目にするのが、おそらくこのタイプの6畳にキッチン・バス・トイレの間取りではないでしょうか。平米数でいうと20～25㎡。6畳間の部分だけみると、窓に対して幅が3m×奥行きが3.5m程度になります。

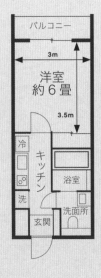

バルコニー

3m

洋室
約6畳

3.5m

冷

キッチン

洗

浴室

洗面所

玄関

BASE
PLAN

一般的な
レイアウト

必要な家具がすべてそろい、
不自由なく暮らせるレイアウト

一人暮らしでそろえる、ベッド、ソファ、ローテーブル、デスク、チェア、テレビボード、収納棚といった家具を部屋に配置すると、このようなレイアウトが一般的ではないでしょうか。これはこれで収まりがよく、何ら問題ありません。

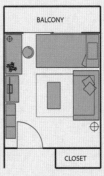

気持ちよく眠りたい ダブルサイズのベッドで

6畳というと、置けるベッドはシングルサイズと思いがちですが、大きく場所をとる2大アイテム、ベッドとソファを兼用すると、空間に余裕が生まれ、ダブルベッドを置くのも夢ではなくなります。さらにローテーブルとデスク、収納棚とテレビラックを兼用して家具を減らします。

ソファとベッドを兼用

ダブルベッドを部屋の奥に配置。ベッドカバーや多様布でベッドを覆うと、ベッドに直接座っている感じが軽減されます。背もたれがわりのクッションを2～3個置いて、ソファと兼用に。

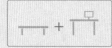

ローテーブルとデスクを兼用

一般的な高さ約75cmのデスクより低めの、高さ約60cmのテーブルをベッドの脇に置いてローテーブル兼デスクとして活用。テーブルを低くするときは、座面の低いラウンジチェアを合わせます。(p90の図解参照)

収納棚とテレビラックを兼用

高さ80～90cmで横長の収納棚をテレビラックと兼用させます。形の違う家具を複数置くよりも、空間がすっきり見えます。ユニット家具を利用すると必要なサイズにカスタマイズできます。

ゆったりとしたダブルベッドに加え、広い収納スペースを確保

兼用させて家具が減った分、ダブルサイズのベッドを置いても、部屋はすっきり。収納スペースもぐっと増え、ひとつひとつの家具を充実させることができました。

テーブルと兼用させたデスク（高さ約60cm）、TVラックと兼用させた収納棚（高さ約80cm）は腰高くらいまでの高さなので、6畳でも窮屈に感じません。40インチ以上の大画面のテレビを置く場合は、収納棚の高さをさらに低く40〜60cmくらいにすると、ソファ兼ベッドに座って見やすい高さになります。

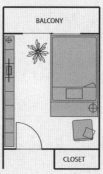

BALCONY

CLOSET

リクライニングチェアで

「6畳の部屋でも、リクライニングチェアで一人の時間を贅沢に過ごしたい」。そんな人のための
レイアウトです。狭い空間にリクライニングチェアを置くのは不向きかもしれませんが、ベッ
ド、ソファ、デスクといった大型家具を兼用しながら、余裕のあるスペースを確保します。

椅子とベッドを兼用
テーブルとデスクを兼用

ベッドのマットレスが固めのものな
らば、デスクチェアと兼用させるのも
アリ。デスクの高さはベッドに合わせ
60cm前後に。ベッドとの位置から離
れすぎないよう、奥行きを調整します。
ベッドとデスクの間が15〜20cmく
らい開く程度がちょうどいいサイズ。

▼

テレビラックと収納棚を兼用

STYLE1と同様に、高さ80〜90cmで
横長の収納棚をテレビラックと兼用
させて、リクライニングチェアが優雅
に置けるスペースをたっぷり確保。

▶

デスクとテーブルを兼用させるには、高さ60cmくらいがちょうどいい

一般的なローテーブルは高さ
約35cm、デスクは約75cm。兼
用させるには、その中間の
60cmくらいの高さが最適で
す。この場合、座面が40cm前
後の低めの椅子をおすすめし
ます。

※使い方によって個人差があるため、事前に試すことをおすすめします

ゆったりとしたリクライニングチェアで、
一人の時間を贅沢に

家具を兼用させたことで、部屋の約半分（約3畳）のスペースを確保。ゴージャスなオットマン付きのリクライニングチェアを置いても、空間にゆとりがあります。せっかくなので、円形のラグを敷き、サイドテーブルを置けば、いっそう優雅な雰囲気に。プロジェクターなどで映画鑑賞するのが好きな人にも、おすすめしたい家具のレイアウトです。大画面のテレビを置く場合には、テレビラック兼収納棚は、40〜60cmくらいの高さがベスト。

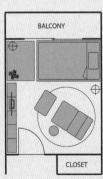

友
達
を
呼
ん
で
テ
ー
ブ
ル
を
囲
み
た
い

ベースプランでは、家に人を招いたときに、ローテーブルを囲んでソファに座る人と床に座る人に分かれてしまいます。ここでは、ソファとベッドと椅子を兼用することで、大きめのテーブルを囲んでソファに3〜4人がゆったり座れるスタイルを提案します。

椅子とソファとベッドを兼用

シングルベッドの対面に、幅85cm程度のコンパクトなソファベッドを置いて、ソファ及びデスクチェアと兼用させる。

テーブルとデスクを兼用

高さ60cm前後のテーブルを、2台のベッドの間に置いて、デスクと兼用させる。テーブルの幅は、友達が集まってくつろげるよう大きめにし、ベッドの長さにそろえて180cm前後まで大きくします。

デスクとして使うときは

コンパクトなソファを椅子にして。ソファのマットレスは固めのものを選ぶのがコツ。

友達が集まるときは

ベッドが2台あるので、友達に気兼ねなく泊まってもらうことができます。

一人暮らしの部屋にベッドを2台設置。
友人が集まってもくつろげるレイアウト

友達が遊びに来たり、家で仲間と集まるのが好きな人は、椅子やスツールを多めに用意しているケースが多いと思いますが、ベッドやソファを有効活用すれば、ゲストにもくつろいで過ごしてもらえる空間に。普段使わない椅子やスツールを所有する必要もありません。

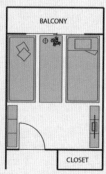

6畳

「畳」を取り入れて、すっきり暮らす

p66-67 の「畳のある生活」でも触れたように、フローリングと違って畳は「座る」「くつろぐ」「横になる」という３つの動作が無理なく行えるので、よけいな家具を持たずに生活ができます。床座や布団が中心のライフスタイルは、好みが分かれるところですが、少ない家具でのびのび暮らせる心地よさは、洋室では得難いもの。「置き畳」や「畳ベッド」で畳を取り入れてセンスよく暮らす部屋づくりのシミュレーションを、6畳の広さで紹介します。

STYLE ① 部屋の一部に「置き畳」を敷く

手軽な「置き畳」。縁取りのない60～90cm角のサイズが一般的。通販でも購入できるので、敷きたい広さに合わせて購入します。

洋室に「置き畳」を置いて、畳の気持ちよさを取り入れる

洋室に畳の気持ちよさを取り入れたい人には、置くだけで畳の間が完成する「置き畳」がおすすめ。ベッドは、洋室でも使えるように、脚が取り外せるタイプを選び、畳の部屋では脚を外して使います。ローテーブルと低い収納棚で、床座スタイルの生活に。低い家具で圧迫感がなく、畳の雰囲気にもなじみます。

畳の部屋で暮らす

昔ながらの和室でミニマムに暮らす

従来型の畳の和室は数が減っていますが、少ない家具ですっきり暮らしたい人には、メリットも。ローテーブルと収納棚があれば、だいたい事が足り、布団をたためば部屋のほとんどが自由な空間になるので、友人が数名集まっても、のびのびとくつろげます。床座中心の暮らしに合わせて低い家具でそろえれば、部屋が広く見える効果も。畳には調湿効果があるので、一年を通じて快適な室内環境が保てるのもよいところです。

STYLE 2

畳ベッドを活用する

壁にローテーブルと収納棚を並べ、人が集うときは、ローテーブルを移動させて、畳に座ってワイワイと。

ベッドフレームに畳をのせて、小上がりのような場所をつくる

ベッドフレームに畳を敷き込んで、小上がり風にアレンジ。畳屋さんにオーダーする必要がありますが、ぴったりはまると、ぐっと洗練された印象に。ベッドの高さは低め（15cm前後）、サイズは大きめ（ダブルサイズ以上）にすると、使い勝手がよくなります。畳を満喫するために、たたむことができる布団を採用。

8畳

家具とレイアウトで
"わたしの暮らし" が変わる

ライフスタイルが多様化するなかで、趣味やこだわりに特化した部屋づくりをしたいと考える人も増えているようです。それこそ、まさに"どう過ごしたいか"から考える部屋づくり。けれども、理想の住まいは新築やリノベーションでないとかなえられないと思っていませんか? 間取りや部屋の構造を変えることはできなくても、一人暮らしの部屋でも、家具の選び方やレイアウトを工夫すれば、こだわりの部屋づくりも決して夢ではありません。ここでは、①本やマンガに囲まれて暮らしたい、②ファッション大好き、③リモートワークを充実させたい、といった3スタイルの暮らしをイメージし、8畳の部屋をベースにしたレイアウトをご紹介します。

STYLE

① 壁一面に本が並ぶ、ライブラリーのような部屋

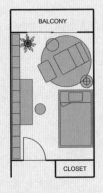

主役となるのは、もちろん長辺の壁の片面全面に配置した本棚。ポイントは奥行きの浅いデスクと一人掛けのラウンジソファ。テレビやテーブルは潔く手放して。

「大量の本や漫画が捨てられない!」という人は意外と多いのでは。壁一面を本棚にすると、そのほかの家具が置けなくなりそうですが、コンパクトなデスクを本棚に寄せて置いて一人掛けのソファを選べば、上質なライブラリーのような空間に。デスクでコーヒーを飲みながらブックカフェ気分で過ごしたり、ゆったりとしたパーソナルソファで読書に耽ったり、ときには本棚を前に立ち読みをしたり、本のある暮らしを堪能できます。

STYLE ② 大好きな服と暮らす、ワードローブルーム

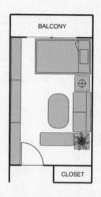

ありあまる服をどのように収納し、その日着ていく服や小物をどんな風に選んだら楽しいかということから考えた部屋。本と同様に壁一面には鏡張りのクローゼットを配し、その扉を開けるとショップのように服が並び、好きな服を眺めながら選ぶこと自体が楽しくなる仕掛け。

壁面クローゼットは、省スペースになるよう服を正面に向けてハンガーを掛ける奥行きの浅いタイプをセレクト。鏡張りの扉の効果で部屋を広く感じさせる狙いも。

STYLE ③ リモートワークを快適に

ワークエリア と リラックスエリアを分けた上で、目に入る景色を無意識にコントロールできるよう、レイアウトでの仕組みづくり。

仕事が気持ちよく行えるように、窓際にデスクを置いて、その背面にリラックススペースとなるベッドやソファを配置。小さい部屋でオンとオフがうまく切り替えられるように、仕事中はテレビやソファが目に入らないようにして、無理なく集中できる環境をつくります。集中すると長時間モニターや資料を凝視しがちですが、窓辺にデスクを置くことで、作業の合間に窓の外に視線を移すことができ、気分転換にもなります。

8畳

テレビを手放すと、インテリアはどう変わる？
8畳一人暮らしの部屋でシミュレーション

BASE PLAN

一般的なレイアウト

テレビを観ることを想定すると、おのずとテレビが中心のレイアウトとなります。テレビが観やすい位置にソファを置いて、その前にローテーブル。テレビとソファにそれなりの距離感も必要なので、一般的な縦長の8畳の部屋では、テレビ（台）、ローテーブル、ソファの3点セットが面積を占領します。

STYLE ①

ソファプレイスをグレードアップ

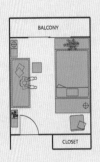

テレビを手放すと、テレビの前にソファを置く必要がなくなるので、ソファを好きな場所に置くことができます。テレビ台も必要なくなるので、この際ローテーブルも手放して、スペースに余裕ができたぶん、ソファは3人掛けで奥行きも深い、ゆったりサイズにグレードアップ。照明や観葉植物を配して、居心地のよいソファプレイスに。

テレビを観る時間が減りつつある今、テレビを手放すことで家具レイアウトの可能性は広がります。テレビのある部屋と、手放して①ソファを充実、②ベッドを充実、③少ない家具で暮らす、パターンをご紹介します。

STYLE ② 広いベッドとデスクが置ける

テレビと一緒に、テレビ台とソファとローテーブルの3点セットを手放して、デスクワーク環境を充実させる。160cm幅のワイドなデスクを2つ横並びで置き、飾り棚を兼ねた広々としたカウンターデスクに。仕事の合間には、窓辺の座り心地のよさそうなラウンジチェアでほっと一息。

STYLE ③ 少ない家具ですっきり暮らせる

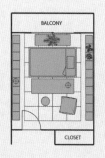

置き畳を敷いて、和スタイルに。テレビとともにテレビ台、ソファ、デスク、チェアを手放し、ベッドとローテーブルと収納棚だけのミニマムな家具での暮らし方にシフト。床座のライフスタイルに。両サイドに並べた収納棚をベンチ代わりにして、腰掛けることも。窓辺の飾り棚は床の間のような場所に。

8畳

季節で変わる室内環境を生かして
快適に過ごすレイアウト

季節によって室内の環境は変わります。カギになるのは窓。日差しや気温を室内に取り込む窓際は、暑さ寒さの影響を受けやすくなります。気候のよい春や秋には、窓辺に居場所をつくり、夏や冬には窓を避けて家具をレイアウトするのがポイント。同じ家具を使った「春秋」、「夏」、「夏冬」、3つのレイアウトパターンをご紹介します。ベッドやソファは、レイアウトを替えやすいコンパクトタイプがおすすめ。

春 秋

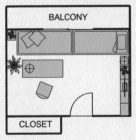

BALCONY

CLOSET

ベッドとソファを窓に寄せて、
窓辺の暖かさと気持ちよさを楽しむ

温暖な春・秋には、窓際にベッドとソファを並べて、穏やかな日差しが心地よい、縁側のようなくつろぎの場をつくります(ここでは、同じ型のコンパクトなベッドを2台用意して、1台をソファとして活用。家具の配置や組み合わせ方のバリエーションが増え、模様替えの楽しさが広がります)。ソファの前には、高さ約60cmのデスクと座面高40cmのラウンジチェアを置いて、デスク兼テーブルに。

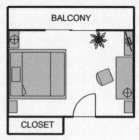

夏の寝苦しい夜には、
広く快適なベッドに模様替え

コンパクトサイズのベッドを2つ並べて、クイーンサイズのベッドに転用。デスクは、ベッドの正面にセンターそろえで置くと、バランスのよいレイアウトに。

暑さ寒さが厳しい季節は、
窓を避けて家具をレイアウト

夏と冬は、窓からの熱気と冷気の影響を受けやすいので、ベッドとソファを窓から離し、両サイドの壁に寄せて配置。ソファの前にデスクとラウンジチェアを置いて、くつろいだり作業をする場所（＝留まる場所）をつくります。また、夏と冬には、遮熱性や紫外線カット効果のあるカーテンを利用すると、窓からの影響をやわらげることができ、冷暖房効率もよくなります。

10畳

LDKに快適なワーク環境をつくる

リモートワークが日常となり、自宅にワークスペースを設ける家庭が増えています。「とりあえずLDKにデスクを置いている」というケースも多いと思いますが、「手狭だな」「落ち着かない」「リフォームが必要だな」と感じながら、仕事と向き合っている方も多いのではないでしょうか。リフォームをしなくても、家具を兼用させることで快適なデスク環境を整えることができます。10畳のLDKを想定して、3つのパターンを紹介します。

BASE PLAN

よくある簡易的なLDKのデスクコーナー

一般的なLDKの間取りとレイアウト

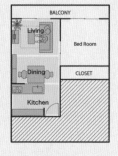

リビングにはソファ、ローテーブル、テレビ＆テレビ台。ダイニングにはダイニングテーブルとチェスト。たくさんの家具が収まっています。

▼

そこにデスクを置くとこんな感じ……

壁際の家具を少しずつずらして、小ぶりのデスクを置くケースが多いのでは。場所も限定され、落ち着かない環境になりがちです。

D × W
ダイニング × ワーク

180〜200cm幅の大きな ダイニングテーブルで デスクワークも食事も快適に

2〜4人の家庭ではダイニングテーブルは幅が90〜120cmのものが一般的ですが、幅180〜200cmの大きなサイズを選んで、デスクと兼用。のびのびと作業ができるワーク環境が整います。窓際には1〜2人掛けソファを置いてくつろぎの場に。ソファの下にラグを敷いてゾーニングすることで、ゆるやかな境界をつくり、各自が気兼ねなく自分の時間を過ごせる環境に。

大きなデスクで快適なワーク環境

2人並んでの食事や作業もゆったり

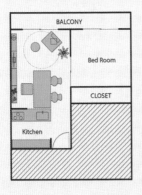

D ダイニング × **L** リビング

ソファダイニングの発想で、専用のデスクと大きなソファを実現

独立したデスクコーナーを設けたいけれど、広いソファも譲れないという人には「ソファダイニング」がおすすめ。L字のソファに、標準よりやや低めの高さ60〜65cmのダイニングテーブルを合わせ、食事ができるソファコーナーをつくります。窓際に沿って奥行きの浅い（55cm程度）デスクコーナーを設け、テレビ台も兼ねれば、ソファから視聴しやすいレイアウトが完成します。

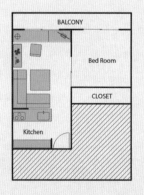

BALCONY

Bed Room

CLOSET

Kitchen

ソファダイニングを仕事の場にすることも

ソファに座って、くつろぎの食事タイム

「リビング」と「ダイニング」と「ワークコーナー」を兼用する

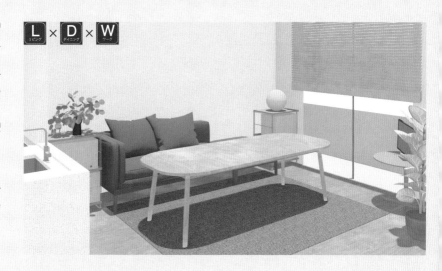

Lリビング × **D**ダイニング × **W**ワーク

すっきりとした空間で、仕事もくつろぎ時間も充実させたい

「ものが少ない、開放的な空間で過ごしたい」という人におすすめしたいのが、デスク（仕事）、ダイニングテーブル（食事）、ソファ（くつろぎ）を共有させるプラン。180 ～ 200cm程度の大きなテーブルとソファを組み合わせ、フレキシブルに使える場に。テーブルは約60cmの高さをセレクト（またはオーダー）。長時間座り続ける場合は、デスクチェアを追加するとよいでしょう。

一人はソファでくつろぎ、一人はデスクワーク

ソファに座って、ゆったりと食事を

BALCONY

Bed Room

CLOSET

Kitchen

CHAPTER 3

おいしい生活

このお皿で食べると、ごはんがおいしい

器や調理道具を選ぶ基準は「便利さや使いやすさ」よりも、「この調理器具があると料理が楽しい」「このお皿で食べるとご飯がおいしい」ということ。

レストランで食事をする時の高揚感は、味はもちろん、盛り付けの美しさによるところも大きい。それは「きれいに整えられた」というより「美味しそうに見える」ということだと思います。盛り付ける側の少しの配慮で、食べる方もうれしくなる。プロの料理人ではないけれど、誰かに食べてもらいたい時も自分が食べる時も、少し盛りつけを工夫をしたり、器をちょっとよいものにするだけで、気持ちも上がります。

平皿でも同じものを数枚買えば、重ねて収納できますが、「この一皿で食べるとご飯がおいしい」を基準に選びたいので、わが家にある器は、だいたいが“一点物”。だから、お茶碗もペアではそろえていません。そのときの気分や料理に合わせて、選んで使っています。2人で暮らし始めた頃に東京・合羽橋の道具街で購入したものがほとんどで、「こんな料理を、こんなお皿に盛ったらおいしそう」というイメージが湧いたときに、少しずつ買い足しています。

好みの器に出会える、合羽橋の道具街

今使っている器のほとんどが、2人で暮らし始めた頃に、食器や調理道具の専門店が集まる、東京・合羽橋の道具街で購入したもの。「こんな料理を、こんなお皿に盛ったらおいしそう」というイメージが湧いたときに、少しずつ買い足ししています。

01 — 小鉢φ約13cm。内側の銀色が映え、ちょっとしたおかずもさまになる。副菜、おつまみ、汁物に。

02 — 黒地に金の渦模様が美しい器。お茶碗に使うことも。

03 — 光沢が混じった黒い25cmほどの大皿。おつまみをいくつか並べて、おもてなしなどに。

04 — 三角形の形と、むらのある茶系の色合いが好み。深さがあるので、ぶり大根などの煮物やパスタに。

05 — 白に金の渦模様。ほうれん草のひたしなど緑ものがよく映えます。

06 — わが家で唯一の"同じ大きさのお皿"。和すぎないシンプルな柄。φ約12cmで副菜を盛り付けるのにちょうどいいサイズ。

07 — 内側の金色がなんともきれい。四角いお皿に重ね、刺身の醤油皿にしたり、小鉢にして黒豆を入れたり。

08 — φ約8cmの白い小皿は、鮫皮おろしの受け皿用に買ったもの。お漬けものや醤油皿にも。

09 — 「ハサミポーセリン」のφ約22cmの皿。土っぽい手触りと1cmほど立ち上がった縁が気に入っています。ワンプレートミールやサラダに。

10 — 代々木八幡の「黄魚」で購入した、少しざらっとした質感のお皿。湯飲みを置いてお茶菓子を添えたり、おかずを盛り付けたり。

11 — 「無印良品」のザル。約28cm角。丸みのあるスクエアな形が気に入っています。洗った野菜や果物などを置くとおいしそうに見えるので、ステンレスよりこちらを使うように。

「HARVEST × SHIGARAKI」shirokuro heki bowl φ24cm kuro。よくつくるパスタは、ジェノベーゼパスタ、ペペロンチーノ、カルボナーラ。

器

パスタがおいしく盛れる器

平たいお皿にパスタを盛ると、どうしても具材が広がってうまく盛り付けられない。
そこで、底の深いお皿を買いました。高さをつけて盛ると、同じ料理でもお店のよう
な見た目に。ハットのような形で、少し光沢がかかったブラックが気に入っていま
す。パスタを高く盛れるので、具材も広がらず盛り付けやすい。この器に出会って、
家でつくるパスタの回数が増えました。

合羽橋で購入した平皿。約20×15cm。コンビニのカヌレと、「テオブロマ」のショコランジュ。

なんでも絵になる平たいお皿

少しゴツゴツとした風合いの平皿。小さい脚がついていて、プレートが浮いたように
見えるところが気に入っています。惣菜やおつまみを乗せるイメージで買いました
が、前菜を少しずつ盛ったり、刺し身と一緒に小さい醤油皿を乗せるのもいい。何を
乗せてもサマになるので重宝しています。四角いお皿に乗せると、コンビニスイーツ
もちょっとよい感じ。

そのまま食卓に出せる、フライパン

フライパンで料理をしているとき、ジュージュー音をたてながら、よい香りが立ち上ってくる。そんな"料理が最高においしいそうな状態"を、すぐいただきたい！　と思って買ったのが、この「ココパン」。持ち手が取り外せるので、できたて熱々のままをお皿とおなじように食卓に出せます。シンプルな形状なので、食卓にサーブしても違和感がありません。目玉焼きとソーセージと野菜のグリルは、休日の朝ごはんにぴったり。鉄製なので、それなりに重いですが、おいしさは格別です。

「極SONS」COCOpan モーニング＋平型持ち手。ホットサンドやトーストもおいしく焼けるので、トースターを手放しました。鉄のフライパンは手入れが大変かと思っていたのですが、日々の手入れは、冷めきらないうちに、洗剤を使わずに、お湯とタワシで洗うだけ。

Morning
ø21cm/ø26cm

鉄鍋
ø20cm

Basic
ø28cm

プレートタイプのモーニングは
21cm/26cmの2タイプを所有。
21cmは一人分の朝食にちょう
どよいサイズ。26cmは2人分
の朝食やリゾットに。せっかく
なら鍋もフライパンに合わせよ
うと思って購入しました。煮る、
焼く、炒めるに使える万能選手。
取り外せる持ち手は鍋の形状
に合わせた平型とL型。質感や
色がインテリアに合うので、コン
ロの前に立てかけて、飾りな
がら収納しています。

「BONIQ」低温調理器と陶器製の専用スタンド（MADE IN 多治見）。お皿は、「ハサミポーセリン」ナチュラルφ22cm

料理が楽しくなる、低温調理器

SNSで見つけたのがきっかけで、食材をおいしい状態で食べるということに興味が湧いて購入した低温調理器。湯煎で食材を均一に加熱することで、食材の水分と柔らかさを保ったまま調理できる低音調理器。よくつくるのはマグロの香草オイル漬け、よだれ鶏、蛸の柔らか煮。下ごしらえをしたら、30〜40分放っておけるので、その間に副菜をつくったり、ちょっとした仕事の用事を片付けたりしています。

公式サイトで定期的に新しいレシピが公開されるのも楽しみ。魚や肉に使うイメージがありますが、野菜でも使えます。キャベツに塩胡椒、タイム、ローリエを入れて低温調理したものをストックしておくと、スープの具材として使えたり、フライパンで焼いて食べたり。ジッパー付き保存袋に入れて低温調理にかけるので、そのまま冷蔵庫でストックでき、使い方が広がりました。

マグロの香草オイル漬けのつくり方

01 _ ジッパー付き保存袋にマグロ、オリーブオイル、塩胡椒、タイム、ローリエ、ニンニクを入れる。

02 _ お湯をはった鍋にBONIQを入れ40度になったら01を投入。

03 _ BONIQで40℃をキープして30分じっくりと加熱。

04 _ 袋から香草やニンニクとともに取り出す。

しっとりとして旨味が増し、"高級な"味わいに。ローリエやタイムの風味もしっかりつき、お酒がすすみます。

低温調理にかける時間は30分〜1時間くらいなので、余裕がある時に使います。

01

02

03

04

ほっと一息、お茶時間

珈琲もそうですが、お茶も入れ方や道具次第で香りや口当たりが違うもの。家でおいしいお茶が入れられるように、築地のお茶屋さん「寿月堂」で、所作や手順、道具について学びました。茶葉が舞いやすい急須の形など、"道具の形には意味がある"というプロダクトの魅力も再認識。以来、道具にも少しこだわって、茶葉が舞いやすい急須、桜皮の茶筒、口あたりのいい湯呑などをそろえはじめました。

鉄瓶はお茶のお湯を沸かすときにも使いますが、本領を発揮するのは、朝の白湯。貧血気味の私にとって、鉄分が溶出する鉄瓶で沸かした白湯は、毎朝の大事な一杯。体を内側から温めるために、ゆっくり飲むようにしています。

05

01 ＿ 「壱鋳堂」鉄瓶 刷毛目 (0.6L) デザイナーの中村義隆さんが手がけた鉄瓶。蓋が一段下がった収まりがきれい。使い込むうちに錆びと湯垢がつき、一生物として使っていきたい道具。

02 ＿ 「zakka 土の記憶」で購入した湯呑み。作家さんの名前はわからないのですが、和に寄り過ぎない、ニュートラルな感じがいい。

03 ＿ 「藤木伝四郎商店」桜皮茶筒。山桜の樹皮を薄く削って研磨した「無地皮」の独特の艶感と皮模様が美しい。使っているうちに深い艶を帯びてきた感じがします。

04 ＿ 「寿月堂」急須。片手で蓋を押さえながら注げるサイズ。茶葉が急須の中で舞うように、勢いよく弾くといいそう。丸みをおびたフォルムは茶葉が舞いやすく、おいしくお茶が出ます。

05 ＿ 「岩鋳」南部鉄器 急須。今、使っている急須の前に使っていたもの。今は出番がなくなってしまいましたが、きれいな形をしているのでそのまま飾っています。

**キャンプにいくときには、
ポーチに入れて**

「無印良品」化粧ポーチ M は、形も
大きさも違う珈琲アイテム一式を
キャンプに持っていくのにちょう
どよい大きさ。内側のメッシュポ
ケットに、コーヒーフィルターや、
折りたたみ式のドリッパーを入れ
られて便利です。

───(コーヒーアイテム)

家でも、キャンプでも。珈琲道具

もともとエスプレッソマシンを使っていたので、これらのアイテムはキャンプ用に
携帯性を重視して購入しました。キャンプ用品は考えだすとあれこれ道具を持って
行きたくなりますが、極力コンパクトに身軽で、あとは料理と自然を楽しむだけのス
タイルにしています。ドリップで淹れる珈琲は初めてだったので、その難しさと、少
しマニアックな世界が面白いと思い、家でもキャンプ用品でドリップを淹れるよう
に。焙煎珈琲店を経営している知人からおいしい珈琲の淹れ方を教えてもらったの
で、最近は、仕事の合間に練習しながら珈琲のマニアックな世界を楽しんでいます。

04

05

06

01 — 「カリタ」自宅用の陶器製のドリッパー。雑味が出る前に美味しさだけをドリップする3つ穴仕様。

02 — 「KINTO」プアオーバーケトル。直火可のステンレス製ケトル。絶妙な容量で、ちょうど珈琲2杯分の430ml。注ぎ口が細いので、狙った場所に湯を注ぎやすいのも、高ポイント。

03 — 「珈琲考具」温度計。ケトルの縁に差し込んで使う温度計。適温でハンドドリップができます。

04 — 「snow peak」スタッキングマグ雪峰。チタン製でとても軽く、保温性が高く外側は熱くならないダブルマグ（二重構造）。違うサイズを購入してスタッキングしています。

05 — 「snow peak」バリスタミル。二人分20ｇが挽けるミル。ダイヤル式で挽きの粗さも調整できます。ハンドルと蓋が一体になっていて、そのまま折りたたんでしまえる、コンパクトかつ、スマート（右の写真）。

06 — 「珈琲考具」キャニスター。蓋の内側に10ｇの計量スプーンが収納できる仕様。100ｇのコーヒー豆が入る大きすぎないサイズは、このままキャンプに持ち出すのにも便利です。

CHAPTER 4

居心地よく暮らすために

リビングを心地よくする、収納

「しまう場所がないから、とりあえずテーブルに置いておこう」
「すぐ散らかってきたな。この週末は大掃除するか」
ありがちなことですよね。
せっかくインテリアをがんばっても、ものがあふれていると心地よく過ごせないばかりか、「片付けなくちゃ……」がストレスになってしまうことも。私たちは、そこまでものが多いほうではないですが、極端に少ないわけではありません。仕事に使うガジェット、調理道具、食品、掃除道具、日用品など、日々の生活には、なにかとものが必要です。でも、リビング・ダイニングは、いつも居心地がよい場所しておきたいから、ルールを決めて、ものがあふれないようにしています。

使うものは見えないところに置く。
使わないものは、リビング・ダイニングに常駐させない。

ルールは、この2つ。
2人ともマメなタイプではないし、片付けることがストレスになったら本末転倒。
日々の生活で無理なく行えるから続けられる。私たちにとっては効果的な方法です。

収納は、手順

私たちにとって「収納」は、あくまでもリビング・ダイニングの居心地をよくするた
めにすること。一見、わが家は、ものがないように見えると思いますが、リビング・
ダイニングに出していないだけで、ある特定の場所に高密度にものを置いています。
「使わないものは、リビング・ダイニングに常駐させない」。
このルールが無理なく続けられるように、試行錯誤しながら、しまい方や収納場所
を工夫して、システムづくりをしてきました。小さな部屋を効率よく、使いやすく収
納するには「手順」が大事。
①収納スペースを最大化し、②ものを仕分けして、③場所を決める。
私たちが実践している例として、参考にしてみてください。

STEP

1 →

収納スペースを最大化する

まずは、収納容量をできる限り最大限確保す
ることが重要です。私たちの部屋は、ワンルー
ムでなおかつ収納スペースがほとんどなかっ
たので、広めの玄関ホールにスチールラック
を置いてカーテンで仕切り、収納庫を確保。さ
らにカウンターテーブルの下をキッチン用品
の収納にあてました。各スペースには収納用
のボックスや引き出しを並べて効率よく収納。

[収納スペースを増やすアイデア]

●柱や梁のデッドスペースにラックを置く。
ファブリックで目隠しすればスッキリ。●テー
ブルやデスクの下を生かす。●扉の内側に
フックやバーをつける。●棚板を増やす。●
収納ケースのサイズをそろえる、など ...

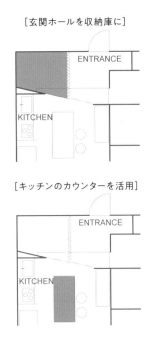

[玄関ホールを収納庫に]

[キッチンのカウンターを活用]

[日常的に使うもの]

[たまにしか使わないもの]

[日常的に使うもの]

猫アイテム　日用品 1　靴　食料/食器

[たまにしか使わないもの]

季節家電　旅行アイテム　防災グッズ　保管書類

キャンプ道具　日用品 2　本

STEP 2 →

ものを仕分ける

「日常的に使うもの」と「たまにしか使わないもの」で仕分けをします。たとえば、年に数回しか使わないプリンターとその備品がデスクの上を占拠していたらじゃまになるだけ。反対に、頻繁に使う日用品のストックが棚の奥にしまい込んであれば、死蔵品になりがち。本当の意味で使い勝手がよい収納場所を決めるために、まずは、「日常的に使うもの」と「たまにしか使わないもの」で仕分けます。

STEP 3

場所を決める

STEP 2 で仕分けた「日常的に使うもの」から優先的に場所を決めていきます。食料品や調理道具はキッチンの近く、掃除道具や日用品は水回りの近く、梱包用品は玄関の近くといった感じに使い勝手のよい場所を確保。「たまにしか使わないもの」は、奥のほうや棚の上段を割り当てました。

[収納アイテムの選び方]

ものに合わせるより、収納場所 (棚など) に合わせてケースを置くほうが効率よく収納できます。スチールラックなど棚が動かせるタイプも便利。① 30cm 角くらいのボックス、②幅 40 〜 50cm の引き出し、③ファイルボックスも使い勝手がよいです。

リビングを快適にする、"高密度"の収納庫

玄関ホールに設けた収納庫。天井高約2.4mほばいっぱいまで使えるスチールラックを4台置き、奥の方には「たまにしか使わないもの」。ダイニング・キッチンに近いエリアに「日常的につかうもの」を収納。リビング・ダイニングで使うものが片付けやすい仕組みづくりをしました。約180×130cm、畳にして1.5畳程度のスペースですが、日用品からストック類、蔵書、キャンプ道具、猫アイテム、避難用具まで、衣類以外のほとんどの持ちものを、ここに収めています。

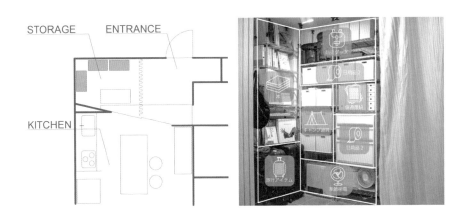

「たまにしか使わないもの」は奥のエリアに収納

日用品のストックから、季節家電、キャンプ道具、旅行用品、防災グッズなど「たまにしか使わない」ものは奥のエリアに。スチール製のラックは、耐荷重が大きく、たくさんのものを収容するのに適しています。また、収納ケースの高さに合わせて棚の高さを変えられるので、効率よく収納できます。

[使用している収納ケース]

（写真右）①「SANKA」INBOX L W38.9×D26.6×H23.6cm②「無印良品」ポリプロピレンファイルボックス W10cm③W15cm④「無印良品」ポリプロピレン小物収納ボックス6段⑤「無印良品」ポリプロピレン収納ケース W55×D44.5×H18cm⑥H24cm

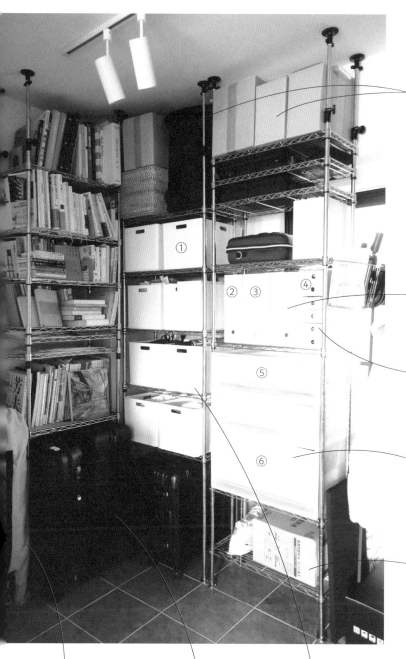

防災グッズや保存食。非常
時のもの（使用頻度は低い）
ので、ラックの上段に。

契約書や家電のマニュアル
など、使わないけれど保管
が必要な書類はファイルで
管理。

ペンとハサミは LDK に。
それ以外の文具は小さい引
き出しに。

使う頻度の少ない生活用
品。工具、ガムテープ、アイ
ロン、湯たんぽ、プロジェク
ターなど。細かく分類せ
ず、大小の衣装ケースにざ
っくり収納。出し入れしや
すいように入り口側に。

あまり使わない季節家電は
下段に。

毎回持っていくキャンプ用
品。リュックの中に一式入
れて保管。

スーツケースに旅行用品を
入れて収納。旅先で使うシュ
ノーケルグッズや水着など
もここに。

ときどき使うキャンプ用品
（スピーカー、IH クッカー、
エアーベッドほか）。

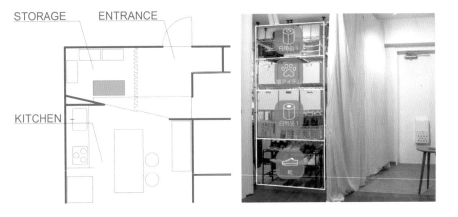

STORAGE　ENTRANCE

KITCHEN

日常的に使うものは、
ダイニング・キッチン側に

玄関ホールの収納庫のダイニング・キッチン
に面した側には、近くにあると便利な飲料水
や生活用品（消耗品、洗剤、医薬品など）、猫ア
イテム、郵便物、撮影機材などを収納。玄関に
近いので、水など重いものを運ぶ距離が短く
てすむのも便利です。消耗品と猫アイテムは、
同じボックスに入れて在庫を管理。

郵便物はラックの上段に置いた3段トレ
ーに。一段ごとに夫、妻、共有で仕分け。

水のペットボトルなど、頻繁に使う重
いものは、できるだけ移動距離を短く。

収納庫とダイニング・キッ
チンの間は、使い勝手のよ
い引き戸。玄関側は布で間
仕切りしています。

「ここにおさまるだけ」
すっきり暮らすための
ボーダーライン

この収納庫に収まりきらな
いものを持つと、リビング・
ダイニングに置くことにな
るので、このボーダーラ
インは死守。「本当に必要
か?」「何を手放すか」を考
えてものを選ぶようにな
り、暮らしも充実します。

キッチンで使うものは、カウンターテーブルに

食べることが好きなので、食器や調理道具は、そこそこの量があります。キッチンの
カウンターテーブルを活用して、キッチンで使うほとんどのものを収納。水に強い
ラタン製のカゴを並べ、大きい皿と小さい皿、ざっくりわけた食器類、コーヒーやお
茶の道具、乾物類や食品ストックを収納。カゴにおさまるだけと、ゆるくルールを決
めて、ものが増えすぎないようコントロールしています。

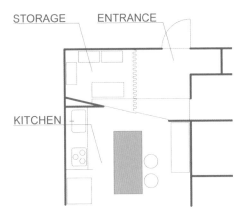

[使用している収納アイテム]

①「無印良品」重なるラタン角型バスケ
ット W35 × D36 × H24cm ②長方形
ボックス W26 × D18 × H12cm ③
「IKEA」STENSTORP カウンターテーブ
ル W126 × D78 × H90cm、④同キッ
チンワゴン W43 × D44.5 × H90cm

01

たくさん詰め込まず
余裕をもたせてしまう

01 — コーヒーアイテムを一式ま
とめて、小ぶりのカゴに。

02 — オーブンレンジはあまり使
わないので、下の方でOK

03 — 食器類は出し入れしやすい
ように、入れすぎない。

04 — 乾物や食品ストックは、無
駄にしないよう少なめに。

05 — 出しておくと雑然としがち
な水切りカゴも、収納。

02

03

04

05

服の持ち方、しまい方

衣類はベッドサイドのクローゼットに収納。左半分は夫、右半分は妻のユリア。奥行きが約80cmと奥が深いので、手前に日常的に使う服、奥は冠婚葬祭用の服や季節もののコートなどを掛けています。扉はなくカーテンで仕切っているのでフルオープンにできるのも便利なところ。二人同時に身繕いができます。下の引き出しは、自分たちで買い足し、季節の小物など各々のものを収納しています。

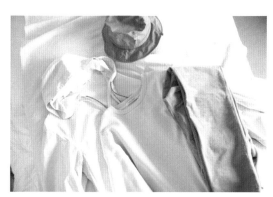

(夫のワードローブ)

いつからか、生成り系統の服ばかり買う
ようになりました。夏は涼しげ、冬は暖か
みがあって、あまり考えずに組み合わせ
ても違和感なくコーディネートできると
いう、利点があります。場所を選ばずに着
ることができるものが多いので、ルーム
ウエアは持っていません。

(妻のワードローブ)

服は比較的少なめなのかもしれません
が、「何着まで」というルールを決めてい
るわけではありません。ただ、偏愛的に
好きな形の服があるので、コーディネー
トのパターンは少ないかもしれません。
「UNITED TOKYO」のワイドパンツは色
違いで何枚か持っています。一見フォー
マルに見える一方、動きやすく着心地が
よいので、家でもよく着ています。

CHAPTER. 04

面倒でもデスクとテーブルはきれいにしておく

多少、部屋が散らかっていても、「ワークデスクは常にきれいに」を心がけています。仕事柄、大判の図面や資料が多く「また、すぐ作業をするから、出したままでいいか」となりがちですが、作業が一段落したら、一度片づけるようにしています。次にとりかかるときに、デスクがまっさらになっている快適さは、片付けの煩わしさにまさります。同じように、キッチンのカウンターテーブルも、一日のどこかで必ず片付けてリセット。料理の材料を気兼ねなく広げられる気持ちよさは、大きなアイランドキッチンがある気分。何も置かないフリーな場所があるって、結構気持ちがよいものです。

自分の心地よさを掃除で知る

じつは、私たちは掃除が苦手。「面倒くさい」「ま、いっか」と思ってしまうタイプ。

基本は、お掃除ロボットにまかせて、自分の好きなことに時間と労力を使いたい。

それでも、積極的に掃除をしようと思う場所があります。

それは、シンプルに、きれいだと気持ちがよい場所。

パソコンのディスプレイ、ブラインド、洗面所の床、玄関、観葉植物の葉……

常に家じゅうをピカピカにはしていられないけれど、「ここがきれいだと気持ちが

よい」という自分の好みを知っておくと「自分なりの心地よさ」がわかってきます。

☑ 葉にたまるホコリは…

一枚一枚、拭くのは気が遠くなるから、葉面洗浄剤でクリーニング。スプレーするだけで水垢や汚れがとれて葉がツヤツヤに。月に1回くらい使用。「住友化学園芸」葉面洗浄剤リーフクリン

☑ ディスプレイの指紋は…

指紋がつきにくくなるよう、撥水コーティングをしておく。メガネ拭きなどでさっと拭くだけで、汚れが落ちやすくなりました。「Plarta」イオンコーティング剤、「無印良品」携帯用メガネ拭き。

☑ ブラインドのホコリは…

市販のハンディモップでこまめに掃除。羽根を挟んで掃除ができるブラインド用のクリーナーも使ってみたのですが、ハンディモップでなでおろしたほうがホコリが取りやすい。

☑ ソファのクッションは…

形を整えて、定位置に置く。座ったままの状態だとクッションがへたって、くたびれた雰囲気に。何気ないことですが、座らないときは整えておくと部屋全体がシャンとします。

☑ テーブルの輪染みは…

まだらなシミが目立ってきたら、オレンジオイルがけ。汚れを落としながら、しっとりなめらかな木肌に。焦がしたようなシミはヤスリで削ってからオイルがけします。「HOWARD」オレンジオイル

「ココさえきれいであれば、それでいい」

☑ 洗面所の床は…

水回りの掃除は面倒ですが、お風呂上がりの素足が気持ちいいように、床のゴミは粘着クリーナーでこまめに。髪を乾かすときに抜け落ちやすいので、ドライヤーの後も粘着クリーナーを習慣に。

☑ シャンプーやボディソープは…

ボトルのぬめりや水垢は気になるけれど、使うたびに水滴を拭くのは面倒くさい。ステンレスのカゴにまとめて、浴室の外に出しておけば水垢がぐっと減ります。ペーパーダスターを敷いて洗濯機の上に置いておきます。

☑ 洗濯物はたたまない

ハンガーにかけて浴室で乾かし、そのままクローゼットへ。浴室乾燥機はないけれど、近頃の衣服は速乾性のものが多いので、意外と大丈夫。乾きにくいときは、サーキュレーターで風を送ります。バルコニーと洗濯機の往復がなくなり労力も時間も短縮。

☑ タオルや肌着もたたまない

ハンガーがけしないタオルや肌着は乾燥機で乾かして、タオルはボックスに、肌着や靴下は引き出しに、それぞれざっくりと投げ入れ。すぐに使うものなので、割り切ってたたまないことにしました。

気持ちのよい場所にしておきたい
玄関。部屋に帰ってきたときに、一
呼吸して空気が淀んでいると感じ
たら、しばらく扉を開けておいて
空気を入れ替えます。

インテリアとしての音楽

部屋に音楽が流れていると、少し居心地がよくなる気がします。

少し肩の力を抜いていつもの仕事に向き合えたり、億劫な作業が少しだけ軽く感じ
たり、音のない状態よりも BGM が流れているほうが、集中力も高まるそう。

YouTube の BGM の曲についての問い合わせが多かったことをきっかけに、30 分の
BGM を投稿しはじめました。

視聴者さんからは「いつもの家が、なんとなくおしゃれに感じる」「仕事がはかどっ
た」「面倒な家事が楽になった」などコメントをもらい、音楽のチカラを実感し、「音
色が、その場を心地よくする」という発想から interior music というシリーズで配信
を続けています。

神棚のある生活

家の中に少しだけ緊張感のある場所、背筋の伸びる場所を設えたくて、神棚をお祀りしています。お社のある神棚は畏れ多い気もしましたし、インテリアにもなじむよう、シンプルな棚板のような神棚にしました。

毎朝、水と米と塩をお供えし、気持ちをリセットする時間に。玄関の盛り塩も月に2回、入れ替えています。定期的に手を加える場所を少しずつ増やしていくと、"お手入れ"をしているような感覚になり、自然と部屋に気持ちが通っていく気がします。

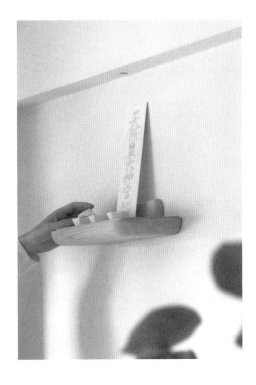

Boo (♂)
Cat Age : 1 year and 7 months
Cat type : Exotic shorthair
Coat color : Cream Classic Tabby

EL (ear level)

Color Cream
Classic Tabby

330

80

30

90

70

90

FL (feet level)

ELEVATION

ABOUT US

私たちは、東京で暮らす30代の夫婦です。

夫は設計事務所に勤務、妻も昨年まで同じ設計事務所に勤務していましたが、昨年からフリーランスとして独立しました。

建物を設計する立場なので、基本はゼロから空間を提案するのが仕事ですが、多くの人が抱いている住まいの悩みは「家そのもの」というよりも「キッチンの使い勝手が悪い」「リビングが狭い」というような、日々の暮らしに直結することだと実感しています。そういった悩みは、家具やインテリアで解決できることも多いので、これからも建築家目線でのアイデアを発信し続けていきたいと思っています。ですが「こうすべき」や「今の暮らしを変えましょう」と構えたものではなく、日々の暮らしがちょっとよくなるような、ヒントを伝えていけたらと思っています。

建築設計者というと、依頼をする施主がいて、その要望を実現するのが基本的な仕事の流れですが、YouTubeなどのSNSで個人が発信できる時代だからこそ、これからは「自分たちが提案するもの」に興味や共感を持ってくれる人たちと、そのプロセスを共有しながら、ものづくりをしていくのも面白いと思っています。

YouTubeでわが家の家具を紹介したときに、視聴者さんの反響が大きかったのはベッドでした。本編でご紹介しているように、既成のベッドフレームに畳を別発

注ではめ込んで使っているわけですが、ベッドがリビングの一部として使えるという「家具の使い方」の提案にもなっていたことが、反響の多かった理由だと感じています。フレームベッドやローベッドもさることながら、畳ベッドそのものも世の中に出回っていますが、視聴者さんからは、"わが家の仕様のようなベッドがなかなか見つからない"とコメントをいただくことがあります。オーダーでつくると30万円近くになることも想定できますし、DIYまでは自信がないという人も多いはず。

この「理想のベッド」を一緒に作ってくれる企業がいたらいいなという思いで、ベッドのデザインを提案した動画を投稿したところ、数社からお声がけいただいて、今は実現に向けて動いているところです。

今後は、もっと違うプロダクトや空間の提案を企画していくかもしれません。

この書籍で私たちのことを知ってくれた方も、すでにYouTubeやInstagramを見てくれている方も、私たちの今後の活動に興味を持ってくれたらうれしいです。

建築家二人暮らし

YouTubeチャンネル
▼

建築家二人暮らし

ワンルーム45㎡の自宅のインテリアを中
心に、ライフスタイルや建築家目線での
街情報を発信する、30代の建築家夫婦。
東京在住。YouTubeのチャンネルは登
録者数13万人を超える人気チャンネル。
YouTube：建築家二人暮らし
Instagram：my.minimalism0811

小さい部屋で心地よく

45m² room
MY INTERIOR STYLE

2021年7月28日　初版第1刷発行
2021年9月 7 日　　第3刷発行

著　者　建築家二人暮らし
発行者　澤井聖一

発行所　株式会社エクスナレッジ
　　　　〒106-0032
　　　　東京都港区六本木7-2-26
　　　　https://www.xknowledge.co.jp

問合せ先
編集　　Tel 03-3403-6796
　　　　Fax 03-3403-1345
　　　　info@xknowledge.co.jp
販売　　Tel 03-3403-1321
　　　　Fax 03-3403-1829